Andrea Pabel

Außerdem ist Frühling

Eine Pferdegeschichte

Schneider-Buch

Inhalt

Wie alles anfing

Bettina hockte im Schneidersitz auf ihrem Bett. Noch immer hörte sie die Stimme ihres Vaters: „Ich möchte nicht, daß du dieses Pferd behältst. Dir zuliebe habe ich es nicht gleich nach Großvaters Tod verkauft, Bettina, aber es ist zu gefährlich für dich. Du kannst es ja nicht einmal allein halten."

Bettina blickte niedergeschlagen zu Boden. Es stimmte, erst vor ein paar Tagen hatte Massai sie am Führseil mitgeschleift. Wie konnte sie ihrem Vater nur erklären, daß dies ihr Fehler gewesen war und nicht der des Pferdes?

Sie hatte so viel sagen wollen, aber jedes Wort blieb ihr im Hals stecken bei dem Gedanken, daß Massai verkauft werden sollte. Wußte ihr Vater denn nicht, wieviel ihr Massai bedeutete?

Bettina konnte in letzter Zeit ihre Gefühle oft nicht aussprechen, und so war sie wortlos aus dem Zimmer gelaufen. Seit Großvaters Tod hatte sich ihr Leben sehr verändert.

Jahre schienen inzwischen vergangen zu sein, obwohl auf dem Kalender erst einige Monate verstrichen waren.

Bettina hatte den Großvater über alles geliebt. Sie hatte jede freie Minute bei ihm verbracht, seit die Familie vor einem Jahr von der Stadt aufs Land gezogen war.

Bettina war gerade fünfzehn Jahre alt geworden. Auf den ersten Blick wirkte sie unauffällig und schüchtern. Ihre braunen, glatten Haare fielen ihr in feinen Strähnen auf die Schultern. Sie war dünn und mittelgroß, das Schönste an ihrem schmalen Gesicht waren die dunklen Augen, die meist ernst und nachdenklich blickten.

Seit Großvaters Tod fühlte sie sich oft einsam. Es fiel ihr schwer, neue Freunde zu finden. Keines der Kinder aus dem Dorf ging in ihre Klasse, und sie brauchte meistens lange, um ihre Schüchternheit zu überwinden und den ersten Schritt auf Gleichaltrige zuzugehen.

Bettinas Eltern waren beide berufstätig, und so hatte sie immer viel Zeit in der Werkstatt ihres Großvaters verbracht.

Sie erinnerte sich noch genau an den Geruch frischer Hobelspäne, als sie eines Nachmittags die Tür der Werkstatt geöffnet hatte.

Großvater blickte von seiner Arbeit auf und legte den

Hammer beiseite. „Ich habe schon auf dich gewartet, Bettina. Der Apfelkuchen ist gerade fertig geworden."

Großvater konnte wundervoll backen, und er wußte, daß er Bettina damit eine Freude machte, denn die Mutter fand nur selten Zeit, einen Kuchen zu backen.

Als er seinen Kaffee ausgetrunken hatte, zwinkerte der alte Mann Bettina zu und sagte: „Ich habe eine Überraschung für dich! Dreimal darfst du raten!"

Bettina dachte einen Augenblick nach. Dann huschte ein Lächeln über ihr Gesicht. „Die Hasen haben endlich Junge bekommen!"

„Nein." Der Großvater schüttelte den Kopf. „Es ist etwas Aufregenderes."

„Hast du dir einen Hund gekauft?"

Großvater schmunzelte geheimnisvoll und begann umständlich seine Brille zu putzen.

„Ist es ein Schaf oder eine Ziege?"

„Nein, nein." Der Großvater stand auf. „Komm, ich zeig es dir."

Sie folgte ihm durch die Hintertür in den Hof. Dort blieb sie mit einem Ruck stehen. „Ein Pferd", flüsterte sie. „Großvater, ein richtiges Pferd!"

Vor ihr stand ein zierlicher, schwarzroter Fuchs, ein Araber mit kleinem, edlem Kopf und schlanken Fesseln. „Ich habe ihn von Julian übernommen. Er ist ein alter Bekannter, der mit mir bei der Kavallerie war", sagte der Großvater. „Das Pferd steigt manchmal, und neulich verlor es dabei das Gleichgewicht und überschlug sich rückwärts. Julian wurde schwer verletzt und wollte Massai nicht mehr behalten."

„Hast du nicht in der Armee schwierige Pferde zugeritten?“

„Stimmt, Bettina. Das wußte mein Freund. Er liebt Pferde, und da ich der einzige bin, dem er zutraut, mit Massai zurechtzukommen, hat er ihn mir überlassen.“

„Ein Pferd!“ Schon rannte Bettina auf die Wiese. Der Großvater rief ihr nach, langsamer zu gehen, aber sie hörte ihn nicht mehr.

Massai sah das junge Mädchen auf sich zustürmen und erschrak. Er schnellte auf der Hinterhand herum und floh in die entfernteste Ecke der Koppel. Mit weit aufgerissenen Augen und geblähten Nüstern stand er dort, zitternd an den Zaun gedrängt.

Bettina ging verlegen ans Tor zurück.

„Immer mit der Ruhe“, sagte der Großvater und legte ihr tröstend die Hand auf die Schulter. „Auf Pferde darfst du nie so schnell zulaufen, besonders nicht auf so schreckhafte wie unseren Massai.“

„Ich verstehe nicht, warum er so ängstlich ist“, sagte Bettina verlegen.

„Das hat seine Geschichte, Bettina. Julian kaufte ihn von einem sehr rücksichtslosen Zureiter. Der hatte ihn mit roher Gewalt eingebrochen, wie er es nannte. Das sensible Tier war so verängstigt, daß es sich, sobald man aufstieg, unter Schwitzen und Zittern niederlegte. Da er weiterhin geschlagen wurde, begann Massai sich zu wehren und stieg. Manchmal war er so außer sich, daß er das Gleichgewicht verlor und sich überschlug. Das ist natürlich sehr gefährlich. Für den Reiter und auch für das Pferd.“

„Und was kann man da tun, Großvater?"

„Das werde ich dir alles zeigen. Massai braucht viel Geduld, viel Liebe und Aufmerksamkeit. Im Grunde ist er ein feines Pferd."

Bettina bewunderte ihren Großvater sehr. Er liebte Tiere und die Natur, kannte die meisten Pflanzen und wußte viel über Tiere und was sie brauchten, um sich wohl zu fühlen. Er war immer bereit, anderen zu helfen und wurde nie müde, sein Wissen mitzuteilen.

Seinem Gesicht konnte man ansehen, daß er die meiste Zeit seines Lebens im Freien verbracht hatte; seine dunklen Haare waren grau geworden, aber die blauen Augen leuchteten trotz seines Alters lebhaft. Er lachte gern, und Bettina tat die Gegenwart des alten Mannes gut.

Massai spitzte die Ohren und blickte scheu zum Tor, wo die beiden Menschen standen. Sein Fell schimmerte wie Kupfer in der Sonne. Seine lange Mähne war struppig und verfilzt, aber an seinem schmalen Genick, den feinen Ohren und den großen weit auseinanderstehenden Augen erkannte man die edle Rasse. „Welch eine Schönheit", sagte Bettina hingerissen.

Sie war von nun an jeden Tag gekommen und hatte unter der Anleitung ihres Großvaters gelernt, mit dem schwierigen Tier umzugehen. Der Großvater hatte mit Bettina ebensoviel Geduld wie mit Massai. Er verstand es, ihr immer wieder neuen Mut zu geben, wenn sie nicht mehr weiter wußte.

Beide, das Mädchen und das Pferd, blühten unter der

Zuwendung des alten Mannes auf. Bettina wurde durch die Beschäftigung mit Massai lebhafter und selbstbewußter. Es tat ihr gut, eine Aufgabe zu haben, und sie war stolz auf jeden kleinen Fortschritt, den sie gemeinsam mit Massai machte.

Bald schon lief er nicht mehr bei ihrem Anblick davon.

„Es wird noch eine Weile dauern, bis er auf dich zukommt", sagte Großvater, „aber eines Tages wird es soweit sein."

Massai ließ sich allmählich berühren, ohne zu zittern. Bettina schloß das junge Pferd mehr und mehr in ihr Herz, und es war die Liebe zu dem sensiblen Hengst, die sie immer wieder ihre eigene Angst und Unsicherheit überwinden ließ.

Sie erinnerte sich, wie sie Massai das erste Mal gestreichelt hatte. Mit einem Stück Brot in der Hand war sie langsam, Schritt für Schritt, auf ihn zugegangen.

„Er muß lernen, von Menschen Gutes zu erwarten, und seine schlechten Erfahrungen vergessen. Bleib öfter stehen, bedränge ihn nicht. Laß ihm durch deine Zurückhaltung die Möglichkeit auf dich zuzukommen."

So hatte sie sich an Massai herangetastet. Im Grunde hatte sie ebensoviel Angst wie er. Seine schnellen, unvorhergesehenen Reaktionen erschreckten sie, auch wenn er niemals Menschen angriff. Aber Bettinas Zuneigung zu dem Hengst war stärker als ihre Furcht, und sie war fest entschlossen, sein Vertrauen zu gewinnen.

Als sie sich ihm bis auf ein paar Meter genähert hatte, blieb sie stehen. Massai sah sie mit einer Mischung aus Neugier und Mißtrauen an, den Kopf weit vorgereckt, die feinen Ohren nervös spielend und den Körper zurückgestemmt.

Bettina war glücklich, daß er zum ersten Mal nicht vor ihr die Flucht ergriff. Massai schnaubte nervös, er trat einen Schritt zurück. Er streckte den Hals, so weit er konnte, bis seine Lippen beinahe den Kanten Brot erreichten, den Bettina ihm hinhielt. „Komm, Massai, ich tue dir nichts. Nur ein kleiner Schritt, und du hast es geschafft," ermutigte sie ihn.

Der Fuchs stampfte ungehalten mit dem Vorderhuf und schüttelte den Kopf, so daß die rote Mähne flog. Er schien nicht zu wissen, was er tun sollte. Doch dann kam er mit zwei schnellen Schritten an Bettina heran und nahm vorsichtig das Brot aus ihrer Hand.

Während er fraß, hob sie langsam den Arm in seine Halshöhe. Kaum berührten ihre Fingerspitzen sein Fell, lief ein Zucken über seinen Körper. Er legte die Ohren zurück und hörte abrupt auf zu kauen. Sie ließ ihre Hand ruhig liegen, bis Massai weiterkaute.

„Hab keine Angst, wenn er die Ohren zurücknimmt", hatte der Großvater gesagt. „Manchmal ist es ein Zeichen, daß ein Pferd angreifen will, aber es kann auch sein, daß er nur herausfinden will, was hinter ihm vorgeht. Ohren sind wie Antennen oder Fühler für Pferde. Sie hören wesentlich besser, als sie sehen."

„Aber wie soll ich wissen, was es bedeutet?" fragte Bettina beklommen.

„Nun, du mußt ein Pferd sehr gut kennen und ein Gefühl für seine Stimmung und die jeweilige Situation entwickeln."

Anfangs hatte Bettina sich nicht vorstellen können, daß sie jemals ein so feines Gespür entwickeln könnte. Aber nun, als sie neben Massai stand, war sie sicher, daß ihr keine Gefahr drohte.

Langsam ließ sie ihre Hand von seinem Hals gleiten. Sie griff in die Tasche, zog ein weiteres Stück Brot hervor, und Massai nahm es schnell.

„Gut", lobte der Großvater, als sie an den Zaun zurückkam. „Nun hat er eine neue Erfahrung gemacht. Er sieht noch ganz verwundert aus. Sicher hat er erwartet, daß du versuchst, ihn einzufangen. Wahrscheinlich hat ihm sein Leben lang noch niemals jemand Brot gebracht, ohne etwas von ihm zu wollen."

Der Großvater besaß die Fähigkeit, Bettina durch seine bloße Anwesenheit Vertrauen zu geben. Die Arbeit mit Massai war ihr in seiner Gegenwart viel leichter gefallen. Oft machte er ihr die Übungen mit Massai in seiner gelassenen Art einige Male vor und erklärte sie ihr. Später hieß er Bettina, das gleiche zu tun, während er im Hintergrund am Zaun stand.

Es war nicht nur der Unterricht mit Massai, der Bettina so herzlich mit ihrem Großvater verbunden hatte. Er nahm liebevoll Anteil an ihrem Leben und hatte Zeit für ihre Sorgen und Probleme.

Bettina fühlte sich von ihren Eltern oft allein gelassen. Sie hatten zu wenig Zeit für das stille Kind. So war sie allmählich immer stiller und in sich gekehrter geworden. Die Eltern arbeiteten viel, sie bemerkten die Veränderung ihrer Tochter kaum.

Der Großvater brachte Bettina das Verständnis und die

Aufmerksamkeit entgegen, die sie so lange vermißt hatte. Sie hörte ihm gern zu, wenn er erzählte, und lernte viel aus der Art, wie er mit Problemen umging.

Selbst als der alte Mann plötzlich schwer erkrankte, verlor er den Mut nicht. Bettina besuchte ihn im Krankenhaus, sooft sie konnte. Sein Zustand verschlechterte sich zusehends, aber dennoch ermunterte er seine Enkelin, weiterhin mit Massai zu arbeiten, und gab ihr Ratschläge, wenn sie seine Hilfe brauchte. Es war schmerzlich für Bettina, den alten Mann so krank zu sehen, ohne ihm helfen zu können. Sie versuchte ihre Verzweiflung darüber nicht zu zeigen, aber der Großvater spürte es doch und hielt oft tröstend ihre Hand.

Als er nach einigen Wochen starb, brach für Bettina eine Welt zusammen. Sie war wie gelähmt vor Trauer und konnte sich nicht mit seinem Verlust abfinden.

Es gab niemanden mehr, mit dem sie reden konnte, und auch niemanden mehr, der ihr Vertrauen im Umgang mit Massai gab. Massai spürte ihre Unsicherheit und wurde daher seinerseits wieder ängstlicher. Bettina konnte das verstehen. Der Großvater hatte ihr einmal erklärt: „Pferde wissen sofort, wenn man Angst hat. Sie haben gute Nasen und riechen Angstschweiß, selbst die geringste Menge. In einem Herdenverband verläßt sich jedes Tier auf das Ranghöhere. Da das Pferd dich als Ranghöheren ansieht, schließt es aus deiner Angst, daß Grund zur Unruhe besteht. Es weiß ja nicht, daß du vor ihm Angst hast. Da offensichtlich etwas nicht stimmt, und es die Ursache der Gefahr nicht finden kann, wird es nervös."

„Aber wenn ich doch nun einmal Angst habe, Großvater? Ich kann sie nicht einfach abschalten!"

„Sprich mit ihm! Erzähle ihm etwas! Rede mit ruhiger, tiefer Stimme. Auch wenn er dich nicht wortwörtlich versteht, begreift er, daß du auf ihn achtgibst und fühlt sich sicherer."

Bettina schreckte aus ihren Gedanken auf. Gerade hatte die Kirchturmuhr geschlagen...

Es war Zeit zum Füttern, und sie lief die Treppe hinunter, um sich die Gummistiefel anzuziehen.

Langsam ging Bettina die Dorfstraße hinunter. Der Stall war nicht weit entfernt; schon sah sie die Stangen des Sandplatzes. Der Großvater hatte großen Wert auf offene Stalltüren gelegt.

„Pferde sind Bewegungstiere, Bettina. Sie müssen laufen können, man darf sie nicht in eine enge Box sperren. Viele Leute wundern sich, warum ihre Pferde durchgehen oder ständig nervös sind. Wenn ihre Bewegungsenergie so lange gestaut wird, erzeugt das Druck – und von dem versuchen sie sich zu befreien, sobald sie die Möglichkeit dazu haben. Im Grunde haben sie ganz recht!"

„Werden Pferde denn nicht krank, wenn es im Winter kalt ist?"

„Das ist Gewöhnungssache. Man kann jedes Pferd auf Offenstallhaltung umstellen. Das ist gesünder, als immer wieder aus dem warmen Stall in die kalte Winterluft zu kommen. Massais Vorfahren lebten in der Wüste Arabiens und waren von jeher extremsten Witterungsverhältnissen ausgesetzt. Tagsüber können dort bis zu vierzig Grad Hitze herrschen, und nachts fallen die Temperaturen fast bis auf den Nullpunkt. Massai verträgt unser Klima gut, und er kann jederzeit in den Stall, wenn er es möchte."

Bettina befolgte diese Ratschläge sehr genau. Als sie das Gatter öffnete, stand Massai auf der anderen Seite des Platzes. Er beobachtete sie neugierig und kam ein paar Schritte auf sie zu.

„Ach, Massai", flüsterte Bettina traurig, „nun wollen sie dich verkaufen. Es ist alles meine Schuld. Der Unfall wäre nie geschehen, wenn ich vorsichtiger gewesen wäre."

Sie hatte ihm das Halfter angelegt und wollte ein Stück mit ihm spazierengehen, so wie sie es mit Großvater oft getan hatte. Ohne weiter nachzudenken, hatte sie sich das Führseil um die Hand geschlungen.

Zunächst war alles gutgegangen, aber plötzlich gab es einen lauten Knall. Ein Flugzeug hatte die Schallmauer durchbrochen, und Massai erschrak... Er machte einen gewaltigen Satz vorwärts und stürmte davon.

Bettina konnte ihn nicht halten und wurde mitgerissen. Das Seil zog sich in Sekundenschnelle zusammen, so daß sie nicht loslassen konnte, sondern mitgeschleift wurde. Zum Glück wurde Massai nach einigen Metern durch einen hohen Zaun zum Stehen gebracht. Bettina stand benommen da. Ihre Hose hatte ein Loch, der Ellbogen war aufgeschürft, sie hatte Kratzer im Gesicht, und das Seil hatte tiefe Striemen auf ihrer Hand hinterlassen.

„Da hast du noch mal Glück gehabt", hörte sie eine Stimme hinter sich.

Als sie sich umwandte, sah sie Hannes vor sich, einen Jungen aus der Nachbarschaft, den sie nur flüchtig kannte. Er war drei Jahre älter als sie und ging in die gleiche Schule. Hannes war ein kräftiger Junge, der meist Jeans und Pullover trug. Dicke braune Locken fielen ihm in die Stirn, auf seiner Nase waren ein paar Sommersprossen! Hannes lachte gern, aber nun waren seine grauen Augen besorgt auf Bettina gerichtet.

„Was willst du denn?" fragte sie verlegen. Es war ihr peinlich, daß er sie in dieser Verfassung sah.

„Ich wollte nur nachsehen, ob du in Ordnung bist, denn das war ganz schön gefährlich. Weißt du nicht, daß man sich ein Führseil nicht um die Hand wickeln darf?"

„Doch", erwiderte Bettina beschämt. „Ich hatte einfach nicht mehr daran gedacht. Ich weiß nicht, wie ich es vergessen konnte. Großvater hat mich oft davor gewarnt."

Hannes trat auf Massai zu, aber der Fuchs schnaubte mißtrauisch und wich augenrollend zurück. „Meine Güte, ist er immer noch so scheu?" fragte Hannes erstaunt.

Bettina nickte. „Ja, er hat Angst vor Fremden. Bitte sei vorsichtig mit ihm!" Es war ihr nicht recht, daß Massai trotz all ihrer Mühe noch immer so schwierig war. Sie errötete. Die Situation war ihr unbehaglich. Und was sollte sie Hannes sagen?

Sie wollte gehen, da fragte er: „Hilft dir denn niemand mit Massai, seit dein Großvater gestorben ist?"

Bettina schüttelte stumm den Kopf. Ihre Augen füllten

sich mit Tränen. Sie schluckte und drehte unsicher das Seil in den Händen.

Hannes räusperte sich. „Sag's mir, wenn ich dir irgendwie helfen kann. Ich hab ja auch ein Pferd, und es würde mir Spaß machen, zusammen zu arbeiten."

Bettina freute sich über Hannes' Angebot mehr, als sie zeigen konnte. Massai zerrte unruhig am Führseil. Bettina bedankte sich kurz und führte Massai nach Hause. Abends bedauerte sie, daß sie nicht freundlicher auf Hannes' Vorschlag reagiert hatte. Wie so oft fielen ihr erst später die richtigen Worte ein.

Die Probezeit beginnt

Etwas Warmes, Weiches berührte Bettinas Hand. Sie blickte gedankenverloren auf und sah zu ihrem Erstaunen, daß Massai noch näher gekommen war und sie sacht anstupste.

„Massai, es tut mir alles so leid, ich weiß nicht, was ich tun soll", murmelte sie bedrückt und fuhr ihm mit den Fingern durch die seidige Mähne. „Du bist das einzige, was ich noch von Großvater habe. Und ich weiß, daß du wieder Vertrauen zu Menschen finden kannst."

Bettina hatte Massai sehr liebgewonnen. Sie hatte Verständnis für seine Scheu und konnte seine Angst gut nachempfinden. Sie fühlte sich verantwortlich für seine Entwicklung. Und auch wenn sie manchmal Angst vor ihm hatte, tat ihr der Gedanke, sich von ihm trennen zu müssen, sehr weh.

Tränen rannen Bettina über beide Wangen. Sie vergrub ihr Gesicht in Massais Mähne und weinte zum ersten Mal seit dem Tod des Großvaters hemmungslos.

Massai stand still. Er spürte die Trauer des Mädchens und auch, daß ihm keine Gefahr drohte. Seine Ohren spielten wachsam, aber nach einer Weile knickte er geruhsam ein Hinterbein ein und stand gelassen in der Dämmerung, die sich langsam herabsenkte.

Bettinas Tränen schienen kein Ende zu nehmen. Sie fühlte sich einsam ohne ihren Großvater, und sie hatte Angst, daß sie den Anforderungen, die die Arbeit mit Massai an sie stellte, nicht gewachsen war. Vielleicht wußte sie gar nicht genug über Pferde? Vielleicht war sie nicht stark genug? Wie sollte sie ihren Vater umstimmen, daß sie den wilden Araber behalten durfte?

Da kam, wie von weit her, eine Erinnerung. Es mußte lange her sein, daß sie Radfahren gelernt hatte. Jetzt erinnerte sie sich mit einemmal deutlich an die Worte ihres Großvaters: „Bettina, du gibst viel zu leicht auf. Manche Dinge muß man immer wieder versuchen, dann lernt man sie mit der Zeit. Manchmal kann einem der beste Lehrer nicht helfen. Aber man kann vieles selbst herausfinden. Jeder Mensch hat einen inneren Lehrer. Wenn man auf ihn hört und ihm vertraut, kann man vieles lernen, man muß es nur von ganzem Herzen wollen."

„Radfahren habe ich schließlich auch gelernt, Massai", sagte Bettina leise und wischte sich mit dem Ärmel über die Augen. „Du bist zwar kein einfaches Pferd, aber wir werden es schon schaffen. Ich werde mit Papa reden; vielleicht läßt er uns noch eine Chance."

Bettina war plötzlich leichter zumute. Sie beendete ihre Arbeit, füllte den Wassertrog auf, warf Heu in die Krippe und holte aus der Futterkammer ein paar Möhren. „Als Betthupferl!" sagte sie und gab Massai einen liebevollen Klaps, bevor sie das Tor schloß und den Weg zum Haus hinauflief.

Es war dunkel geworden. Warmes Licht schimmerte aus den Fenstern, als Bettina atemlos auf die Klingel drückte.

„Was ist denn mit dir los?" fragte die Mutter, als sie Bettina sah. „Wir haben uns schon Sorgen gemacht, weil es so spät ist und wir nicht wußten, wo du bist."

„Im Stall, Mama, bei Massai. Er kam heute sogar auf mich zugelaufen und ließ sich umarmen! Ich möchte mit euch reden, es tut mir leid, daß ich vorhin..."

„Bettina, du bist ja ganz aufgeregt. Beruhige dich erst einmal und komm zu Tisch, dann kannst du uns alles in Ruhe erzählen. Wir wollten gerade anfangen zu essen."

Als Bettina sich hingesetzt hatte, wußte sie plötzlich nicht mehr, wie sie anfangen sollte.

Vor ein paar Stunden war sie wortlos und böse aus dem Zimmer gelaufen. Papa hatte das sicher nicht vergessen.

„Bettina, was wolltest du uns erzählen?" fragte die Mutter.

„Massai kam heute auf mich zugelaufen und war so zutraulich. Bitte, laßt mich ihn behalten..." Bettina stockte. Es fiel ihr schwer, ihre Gefühle auszusprechen. Sie fürchtete, von ihren Eltern nicht verstanden zu werden, und hatte deshalb mit ihnen schon lange nicht mehr über Dinge gesprochen, die sie wirklich bewegten. Aber Massai zuliebe fuhr sie fort: „Ihr könnt ihn doch nicht einfach verkaufen wie ein Auto oder ein Motorrad! Er ist lebendig und hat auch Gefühle, und er beginnt mir zu vertrauen! Ich hab ihn lieb, Papa, kannst du das denn nicht verstehen?" fragte sie flehend.

Herr Vömel blickte seine Tochter nachdenklich an. „Ich kann das zwar verstehen, Bettina, aber ich mache mir Sorgen um dich. Dieses Pferd ist unberechenbar. Mag sein, daß er heute zugänglich war. Morgen geht er vielleicht wieder durch, oder er erschrickt vor irgend etwas und verletzt dich und sich selbst in seiner Panik. Die Arbeit mit ihm ist zu gefährlich. Ich möchte nicht, daß du ständig in Gefahr bist."

„Papa, ich fühle mich verantwortlich für ihn, die Arbeit mit ihm ist meine Aufgabe. Großvater glaubte auch, daß Massai seine Scheu verlieren würde. Er ist mein bester Freund, Papa, bitte verkauf ihn nicht."

„Hast du denn selbst keine Angst vor ihm, Bettina?" fragte die Mutter.

„Doch", gab Bettina zu. „Aber ich weiß, daß er es nicht böse meint. Er würde mich niemals absichtlich verletzen. Ich kann sein Mißtrauen verstehen und habe ihn wirklich gern. Er ist so scheu, weil er so viele schlechte Erfahrungen gemacht hat. Gebt ihm doch wenigstens eine Chance!"

Bettina verstummte. Sie blickte kurz zu ihrem Vater hinüber.

Er war ein hagerer Mann Mitte Vierzig mit scharfen

Denkfalten zwischen den Augenbrauen. Er war in der Stadt aufgewachsen und hatte dort sein Leben lang gearbeitet. Er hatte kaum jemals Gelegenheit gehabt, einen Bezug zu Tieren und zur Natur zu finden. Sein Alltag spielte sich zum großen Teil zwischen Häusern, Büros, Akten und Autos ab. Er hatte nie mit Pferden zu tun gehabt und sorgte sich um Bettina. Er konnte nicht begreifen, warum ihr Herz so sehr an diesem schwierigen Pferd hing.

„Harry, laß uns die ganze Angelegenheit noch einmal unter uns besprechen", schlug Bettinas Mutter vor. „Vielleicht können wir uns auf einen Kompromiß einigen."

Später, als Bettina in ihr Zimmer gegangen war, kam der Vater in die Küche.

„Wir waren uns doch einig, daß das Pferd verkauft werden muß", begann er. „Hast du plötzlich deine Meinung geändert?"

„Sieh mal, ich habe Bettina heute abend zum erstenmal seit Vaters Tod mit Begeisterungsfähigkeit für etwas gesehen. Vater hat das Tier doch insgeheim für sie gekauft. Er meinte, daß sie im Umgang mit Massai vieles lernen könnte. Und er war auch überzeugt, daß sie durch das Pferd hier Freunde finden würde. Vielleicht tut es Bettina wirklich gut, eine Aufgabe zu haben. Wir haben doch beide viel zuwenig Zeit für sie."

Herr Vömel schüttelte unschlüssig den Kopf. „Ich halte das Pferd trotzdem für zu schwierig für sie. Als Vater noch lebte, war Bettina ja unter seiner Aufsicht. Aber nun ist sie ganz auf sich gestellt, und ich bezweifle, daß sie dieser Aufgabe gewachsen ist. Sie wird nicht allein mit dem nervösen Hengst fertig."

„Können wir nicht eine Probezeit mit ihr ausmachen?" überlegte Bettinas Mutter.

„Nun gut", stimmte ihr Mann zu. „Aber es wäre mir lieber, sie interessierte sich mehr für andere Dinge, die nicht so gefährlich sind."

Bettina konnte lange nicht einschlafen. Sie machte sich Sorgen um Massai. Sie konnte sich ihr Leben ohne ihn nicht mehr vorstellen; sie liebte sein Wiehern, sein leises Schnauben und die funkelnden Augen.

Sie wollte nicht, daß er wieder zu Leuten kam, die ihn nicht mochten oder versuchten, seinen Willen mit Gewalt zu brechen. Der Gedanke daran war ihr unerträglich. Sie würde es auf keinen Fall zulassen, wenn sie es verhindern konnte. Massai durfte nicht verkauft werden. Er brauchte sie – so wie sie, Bettina, ihn brauchte. Dafür würde sie kämpfen.

Erst nach Stunden fiel Bettina erschöpft in einen unruhigen Schlaf.

Am nächsten Tag konnte sich Bettina weniger als sonst in der Schule konzentrieren. Nur ein Gedanke beschäftigte sie: War es ihr gelungen, ihre Eltern umzustimmen? Würde sie Massai behalten dürfen?

Sie glaubte fest daran, daß Massai eines Tages ein gutes Reitpferd wurde. Sie sah sich den schönen Weg am Flüßchen entlangtraben, stellte sich vor, wie Massais Fell in der Sonne schimmerte, seine Mähne im Wind flatterte. Vielleicht würde sie auch einmal mit Hannes ausreiten...

„Bettina, lies bitte den Abschnitt zu Ende“, hörte sie auf einmal ihren Lateinlehrer sagen.

Sie schrak zusammen und blickte schnell in ihr Buch; sie wußte natürlich nicht, wo sie weiterlesen sollte.

„Deine Konzentration hat in der letzten Zeit erheblich nachgelassen. Die letzte Arbeit war gerade noch eine Vier, Bettina. Gib dir etwas mehr Mühe. Dritter Absatz, zweite Zeile, bitte...“

Bettina begann mit hochrotem Kopf zu lesen. Wenn ihr Vater hörte, daß sie in der Schule schlechter wurde, würde er nicht erlauben, daß sie Massai behielt. Dazu durfte es auf keinen Fall kommen.

Mittags hatte sie keinen Hunger. Bettina aß nicht gerne allein, sie fühlte sich an dem großen Tisch einsam und vermißte Großvaters Gesellschaft. Gerade heute hätte sie gern mit ihm gesprochen, ihm von der Schule und von Massai erzählt. Das Gefühl, daß er sich wirklich für sie interessierte, hatte Bettina glücklich gemacht, hatte ihr Sicherheit gegeben. Nun war niemand mehr da, der ihr zuhörte. Sie schaute eine Weile still an die Wand, dann stand sie auf und lief mit einem Butterbrot und ein paar Äpfeln zu Massai.

Er war wahrscheinlich ebenso einsam wie sie selbst. Massai stand schläfrig in der Sonne. Er blickte auf, als Bettina das Gatter öffnete – und wich schnaubend einige Meter zurück.

Bettina blieb enttäuscht stehen. „Massai, gestern warst du doch so zutraulich – hab keine Angst“, versuchte sie ihn zu beruhigen. Sollte ihr Vater recht gehabt haben? War Massai unberechenbar und launisch? Was war nur anders heute? Sie überlegte – und auf einmal wurde ihr klar, daß sie ihm gestern Zeit gelassen hatte, sich an ihre Gegenwart zu gewöhnen, während sie heute sofort auf ihn zugerannt war. So machte sie sich zuerst an die Stallarbeit. Es war viel zu tun. Der Misthaufen quoll über, eine Latte fehlte in der Futterkrippe, das Sattelzeug mußte gesäubert werden...

Sie wollte gerade nach der Sattelseife greifen, da zuckte sie erschrocken zurück. Ihre Hand hatte etwas Warmes, Pelziges berührt.

Vorsichtig zog sie die Kiste mit dem Putzzeug aus dem Regal. Inmitten der weichen Wollappen lag ein großer, schwarzer Kater. Er sah Bettina verschlafen an, erhob sich langsam, machte einen Buckel und streckte sich.

„Was machst du denn hier?" fragte Bettina erstaunt. Sie hatte den Kater noch nie zuvor gesehen. Sein halblanges Fell war staubig und an manchen Stellen zu Zotteln verklebt. An einem seiner Ohren waren Blutspuren, aber seine bernsteinfarbenen Augen blickten klar und ruhig.

Er gähnte, sprang geschmeidig aus der Kiste und strich Bettina schnurrend um die Beine. Sie beugte sich zu ihm hinunter, streichelte ihn und glättete sein struppiges Fell.

„Komm mit nach draußen", sagte sie einladend, als sie schließlich das Sattelzeug vom Haken nahm. „Dann kannst du Massai und mir Gesellschaft leisten."

Aus den Augenwinkeln beobachtete sie Massai, der auf der anderen Seite des Sandplatzes stand. Nach einer Weile kam er Schritt für Schritt auf sie zu.

„Komm, ich hab dir Äpfel mitgebracht", lockte sie ihn. Sie freute sich, als der Hengst schließlich neben ihr stand.

„Ich hoffe so sehr, daß du hierbleiben kannst, Massai", flüsterte sie ihm zu. „Sie dürfen dich einfach nicht verkaufen!"

Massai schnoberte neugierig an der Trense. Plötzlich begannen seine Ohren nervös zu spielen, und er holte mit einem schnarrenden Laut tief Luft.

Der schwarze Kater kam um die Ecke und lief geradewegs auf Massai zu. Bettina sah gespannt, wie er sich auf weichen Pfoten ihrem Pferd näherte. Massai hielt den Kopf tief gesenkt und betrachtete den Kater aufmerksam. Ohne die geringste Scheu zu zeigen, rieb der Kater seinen Kopf an Massais Nüstern.

Massai schnaubte und schüttelte sich irritiert, denn das Fell des Katers kitzelte die feinen Tasthaare an seinem Maul. Der Kater aber schlüpfte behend zwischen seinen Vorderbeinen hindurch und verschwand mit ein paar kraftvollen Sätzen im Stall.

Massai stand ganz ruhig, fast friedlich da.

Bettina lachte. „Was für eine mutige Katze! Sie hat gar keine Angst vor dir, obwohl du so viel größer bist!" Als sie sich erhob, klopfte sie Massai vorsichtig den Hals. Sie begann über seinen Rücken zu fahren und auch die Beine zu berühren. Massai zuckte hie und da und trat einmal kurz zur Seite, aber er lief nicht davon.

„Du mußt dich an vieles gewöhnen, mein Lieber, aber es ist gar nicht so schwer. Weißt du noch, Großvater hat immer gesagt, du bräuchtest viel Ansprache und Abwechslung und jede Menge ungewohnter neuer Dinge. Das macht dich offener, um Neues zu lernen, hörst du?" Sie fuhr Massai liebevoll durch die Mähne und machte sich dann auf den Weg zum Haus. Die Eltern würden bald von der Arbeit zurückkommen, und sie hatte noch keine Hausaufgaben gemacht!

Als sich die Familie um den Eßtisch versammelte, war Bettina furchtbar aufgeregt. Sie wartete, bis die Eltern sich gesetzt hatten.

„Habt ihr es euch noch einmal überlegt?" fragte sie endlich, und ihre Stimme war heiser vor Aufregung.

„Wir wollen uns auf eine Probezeit von einem halben Jahr einigen", antwortete der Vater. „Wenn Massai in dieser Zeit keinen Unfall verursacht und Fortschritte macht, kannst du ihn behalten. Aber wenn er sich nicht ändern wird und weiterhin so unruhig sein sollte, wird er nach dem Ablauf der Probezeit verkauft. Ich halte das für eine faire Lösung. Findest du nicht?"

Bettinas Herz tat einen Sprung. Sie atmete tief ein.

Da fügte die Mutter hinzu: „Und noch etwas – die Schule darf nicht darunter leiden, Bettina!"

„Natürlich nicht, Mama. Ich freue mich so, daß ich Massai behalten darf! Ich hatte solche Angst, daß ihr ihn verkaufen könntet." Bettina konnte ihre Freude nicht ausdrücken. Sie stotterte. Nun gehörte Massai, ihr! Sie würde ihn nicht mehr hergeben. Das wußte sie genau.

„Autsch!" schrie Bettina. Sie blickte auf ihren Daumen, der sich am Nagel bläulich färbte. Sie ließ den Hammer und einen krummen Nagel fallen und hielt ihre Hand ins kalte Wasser.

Mit gerunzelter Stirn betrachtete sie das herabhängende Brett an der Krippe. Wie hat Großvater das nur immer so schnell gemacht? fragte sie sich. Es sah so leicht aus...

Bald kniete sie wieder auf dem Boden und begann vorsichtig zu hämmern. Diesmal ließ sich der Nagel gerade ins Holz treiben. Den nächsten Nagel schlug sie krumm, aber nach einer Weile gelang es ihr, das Brett zu befestigen. Sorgfältig sammelte sie alle Nägel auf.

„Die bekommen dir nämlich nicht", wandte sie sich an Massai. Sie hatte sich angewöhnt, viel mit ihm zu sprechen. Das tat beiden gut. Bettina fühlte sich nicht so allein und konnte sich vieles, was sie bedrückte, von der Seele reden. Sie war noch immer traurig über den Tod des Großvaters, und Massai war ein geduldiger Zuhörer.

Bettina war sehr still geworden, weil sie sich von ihren Eltern nicht verstanden fühlte. Sätze wie *Du nimmst alles viel zu ernst* oder *Deine Sorgen möchte ich einmal haben* hatten Bettina verletzt und sie mit der Zeit mehr und mehr verstummen lassen. Vieles, was sie sonst niemandem anzuvertrauen wagte, konnte sie Massai sagen. So überwand sie ganz allmählich ihre Hemmung zu sprechen. Es erleichterte sie, vieles, das lange ungesagt geblieben war, endlich auszusprechen.

Massai genoß Bettinas Zuwendung, und ihre Worte halfen ihm, ruhiger zu werden.

Sie holte das Halfter und ging langsam auf ihn zu. „Ich weiß, du trägst es nicht gern, aber das gehört nun mal dazu. Komm, Massai, es ist halb so schlimm."

Bettina klopfte beruhigend seinen Hals, ließ ihn am Halfter schnuppern und legte vorsichtig eine Hand über seinen Nasenrücken.

Aber sobald sie den Zaum in Augenhöhe hob, riß Massai den Kopf hoch und begann rückwärts zu gehen. Gewandt folgte Bettina seiner Bewegung. Massai verharrte in einer merkwürdigen Haltung. Seine Augen waren schreckgeweitet, er hielt den Kopf so hoch wie möglich, daß die Muskeln an Hals und Nacken prall hervortraten.

Bettinas Großvater hatte Massais Verhalten genau zu erklären gewußt. Sie erinnerte sich gut an seine Worte: „Siehst du, für das Pferd als Fluchttier ist dies eine typische Reaktion. In der Steppe konnten sich früher die Wildpferde – Massais Vorfahren – nur durch Flucht vor ihren Feinden retten. Sie warfen bei jedem ungewohnten Laut blitzschnell die Köpfe hoch. So konnten sie besser sehen, außerdem ist es eine Haltung, die höchste Alarmbereitschaft ausdrückt. Adrenalin wird freigesetzt und erzeugt einen Zustand, in dem das Tier sofort in schnellstem Tempo davonrennen kann. Nur eines kann es in dieser Haltung nicht – denken. Du weißt ja selbst, daß du, wenn du erschrickst, in der sogenannten Schrecksekunde nicht klar denken kannst."

„Massai, nimm den Kopf tiefer", sagte Bettina leise und begann seine harten Nackenmuskeln vorsichtig zu massieren. „Wenn du dich so verkrampfst, mußt du dich ja schlecht fühlen und Furcht haben. Und so voller Angst kannst du dich nicht für etwas Neues öffnen, Massai."

Zentimeter für Zentimeter senkte das Pferd den Kopf, langsam entspannten sich seine Muskeln unter Bettinas Händen.

„So ist's gut", lobte Bettina. „Es muß dir doch weh tun,

dein Genick so steif zu machen!"

„Hallo, Bettina", hörte sie jemanden vom Zaun her rufen.

Hannes saß auf einer Latte, und es sah aus, als habe er ihr schon eine ganze Weile bei der Arbeit zugesehen. Er strich sich die braunen Locken aus der Stirn und sprang zu Boden.

„Was machst du denn da mit deinem Pferd?" fragte er, als er näher kam.

Bettina errötete. „Das sind Übungen, die ich von meinem Großvater gelernt habe", murmelte sie. „Aber es ist schwer zu erklären."

„Ich habe noch nie jemanden sein Pferd massieren sehen", meinte Hannes. „Meinst du, das hilft ihm?"

„Ja", sagte Bettina. Sie zögerte einen Augenblick. Sie wollte, daß Hannes verstand, was sie tat. „Weißt du, das ist so", begann sie unsicher. „Wenn ein Pferd den Kopf gesenkt hat, ist es in Ruhestellung. Es ist entspannt und vertraut seiner Umgebung. So stehen Pferde da, wenn sie in der Sonne dösen oder fressen oder wenn sie neugierig etwas beschnuppern. Wenn sie erschrecken, werfen sie den Kopf hoch, das nennt man den Fluchtreflex, wie du weißt. Ängstliche Pferde gewöhnen sich leicht an, den Kopf ständig extrem hoch zu tragen, das heißt, sie sind dauernd in dieser Schreckhaltung. Sie sind in einer Art Teufelskreis gefangen: Ihre Furcht läßt sie diese Haltung einnehmen, und in diesem Zustand der Fluchtbereitschaft ist es einem Pferd unmöglich, Vertrauen zu gewinnen. Dazu kommt noch, daß ihnen die gesamte Nackenmuskulatur weh tut, weil sie so verspannt ist. Wenn man ihnen durch Massagen die Schmerzen im Genick nimmt, können sie eine andere Haltung lernen, eine andere Einstellung zu unbekannten Dingen und eine neue Reaktionsweise. Großvater hat gesagt, daß sich im Gehirn über die Nervenbahnen bestimmte Reaktionsmuster eingeprägt haben und daß man sie über das zentrale Nervensystem verändern kann."

„So wie man Neues in einen Computer einspeichert?" fragte Hannes erstaunt.

„Ja", sagte Bettina, „ungefähr. In Massais Gehirn ist jetzt nur eine Möglichkeit vorhanden, auf etwas Neues oder eben ein Halfter zu reagieren: den Kopf hochzunehmen. Weil er keine zweite Möglichkeit kennt, bleibt ihm nichts anderes zu tun. Über die Nervenbahnen kann er eine neue Reaktionsmöglichkeit lernen – etwa, den Kopf zu senken. Dann stehen ihm zwei Verhaltensweisen zur Verfügung, zwischen denen er wählen kann. Großvater sagte, daß Pferde durch diese Übungen intelligenter werden und besser denken lernen. Sie müssen nicht blindlings reagieren, sondern können sich überlegen, wie sie auf eine Situation eingehen."

„Das klingt alles sehr logisch", meinte Hannes nachdenklich. „Bist du sicher, daß diese Methode funktioniert?"

„Du glaubst mir also nicht", sagte Bettina enttäuscht und wich Hannes' Blick aus.

„So habe ich das doch nicht gemeint", versuchte Hannes zu erklären. „Könntest du es mir nicht einmal zeigen?"

Bettina wurde schnell unsicher, wenn ihr jemand bei der Arbeit zusah. Sie hatte Angst, daß ihr gerade dann ein

Fehler passierte. „Vielleicht ein andermal“, wich sie aus.

„Du hast ihm ja noch nicht einmal das Halfter angelegt“, sagte Hannes. „Willst du wirklich schon aufhören?“

Bettina wußte, daß sie die Übung nicht unvollständig lassen sollte. Massai zuliebe gab sie sich einen Ruck.

„Laß es uns noch einmal versuchen“, sagte sie zu dem Hengst. Kaum hatte sie begonnen, da riß Massai wiederum den Kopf abrupt in die Höhe.

Sie redete ihm gut zu und beschäftigte sich ruhig weiter mit ihm. Sanft, aber gleichmäßig rieb sie die Stelle hinter den Ohren, die ihr der Großvater gezeigt hatte. Aber Massai reagierte nicht. „Nun hör mal, das ist eine Reflexzone, steh doch nicht da, als seist du aus Holz“, sagte sie leise zu Massai. Sie wollte schon aufgeben, da begann er plötzlich zu kauen und senkte den Kopf. Er war ganz ruhig, als sie ihm das Halfter anlegte und stupste Bettina spielerisch in die Seite.

„Siehst du“, sagte sie erleichtert, „das war doch gar nicht so schwer.“

„Du hast recht gehabt“, nickte Hannes anerkennend. „Ich würde das gerne mit Jessica, meiner Stute, ausprobieren. Hast du Lust, einmal nachmittags zusammen zu üben?“

„Klar“, sagte Bettina. „Aber jetzt muß ich nach Hause“, fügte sie nach einer kurzen Pause hinzu. Sie mochte Hannes, aber er machte sie auch unsicher. Bettina zupfte ein paar Strohhalme von ihrem Pullover. „Bis bald“, sagte sie schnell in das plötzlich entstandene Schweigen hinein und ging zum Stall zurück.

Als sie die Tür zur Futterkammer öffnete, hörte sie leises Miauen. Gleich darauf lief ihr der schwarze Kater schnurrend entgegen. „Du bist ja immer noch hier", sagte sie erstaunt. Sie nahm ihn auf den Arm. „Wenn du noch länger bei uns bleibst, werde ich mir einen schönen Namen für dich überlegen. Möchtest du Bimbo heißen?"

Bettina liebte Tiere. Sie hatte sich schon lange eine Katze gewünscht. Aber da ihre Mutter eine Allergie gegen Katzenhaare hatte, war daran bisher nicht zu denken gewesen. „Wenn du im Stall bleibst, kann ich dich vielleicht behalten", sagte Bettina, als sie Bimbo auf den Boden setzte. „Du könntest Massai Gesellschaft leisten, dann ist er nicht so allein. Ihr mögt euch ja sowieso!"

Es sah ganz so aus, als sei Bimbo mit diesem Vorschlag einverstanden. Jedenfalls lief er zügig zu seinem neuen Freund Massai hinüber.

Bettina sah dem Kater lächelnd nach. Sie war froh, daß Massai einen Freund gefunden hatte. So war er nicht mehr ganz allein. Sie wußte, daß in fast allen Pferdeställen Katzen leben – schon wegen der Mäuse –, an die sich besonders einzeln gehaltene oder nervöse Pferde eng anschließen.

Bettina kannte Rennpferde, die ohne ihre „befreundeten" Hasen oder Katzen – es gibt auch enge Freundschaften mit Eseln und Ziegen – nicht zu bewegen sind, bei Turnieren zu starten. Hannes hatte ihr von einer Reitstall-Katze erzählt, die sogar auf dem Rücken des Pferdes schlafen durfte und ständig in der Nähe ihres großen Freundes war.

„Wie weit bist du denn mit deiner Arbeit mit Massai?" wollte der Vater abends wissen.

„Ich denke, daß er sich in ein paar Tagen ohne Schwierigkeiten aufhalftern läßt", antwortete Bettina. „Dann will ich ihn auf den Schmied vorbereiten. Seine Hufe müssen so bald wie möglich ausgeschnitten werden."

„Weiß der Schmied denn nicht, wie man mit problematischen Pferden umgeht? Laßt ihn doch gleich kommen, wenn es so dringend ist", schlug ihr Vater vor. „Er wird schon mit Massai fertig werden."

„Aber, Papa, es geht mir nicht darum, daß jemand mit ihm fertig wird. Er ist schon viel zu oft mit dieser Einstellung behandelt worden. Wenn ich zuließe, daß ihm jemand unter Zwang oder mit Gewalt die Hufe ausschnitte, ist das so, als würde ich meinen besten Freund verraten!" ereiferte sich Bettina. „Massai würde sein Vertrauen zu mir verlieren, und das ist die Basis unserer Freundschaft. Ich möchte, daß er mir vertraut, Papa, und keine Angst vor mir hat!" Ihre Wangen glühten.

„Das ist verständlich, Bettina. Aber trotzdem muß ein Pferd absolut gehorsam sein, sonst ist es gefährlich", sagte ihr Vater mit Nachdruck.

Bettina blickte stumm auf ihren Teller. Wie gut sie diese Reden vom absoluten Gehorsam kannte! Zu oft hatte sie früher in der Reitschule oder auf Turnierplätzen gesehen, wie sich Reiter diesen Gehorsam roh erzwangen. Sie schienen das Pferd einem Sportgerät gleichzusetzen: es sollte perfekt funktionieren, wie eine Maschine. Alles drehte sich um Rosetten, Pokale und Erfolge..., und das Pferd war oft nur Mittel zum Zweck: nämlich zu siegen.

Bettina liebte Massais Lebhaftigkeit und Eigenwillen, sie wollte, daß er ihr gehorchte, weil er ihr vertraute, nicht weil sie ihn zu einem willenlosen Roboter erzogen hatte. Von ihrem Großvater hatte Bettina gelernt, Massai als einen Teil der Natur zu respektieren. Er hatte nie versucht, Massais Willen mit Gewalt zu brechen, sondern mit Liebe und Geduld seine Zuneigung zu gewinnen.

Massai sucht Gesellschaft

Bettina blickte suchend um sich, als sie sich der Koppel näherte. Obwohl die Sonne schien, stand Massai nicht auf dem Sandplatz. Nur Bimbo saß auf einem Zaunpfosten und putzte sich hingebungsvoll. Normalerweise war Massai bei gutem Wetter nie im Stall.

Bettina nahm den Kater, der schon ganz zutraulich geworden war, auf den Arm. „Massai wird doch nicht krank sein“, sagte sie besorgt.

Als sie den Stall betrat, stutzte sie. Er war leer. Auch die Tür zur Futterkammer war geschlossen – dort konnte Massai nicht sein. „Massai!“ rief Bettina laut. Aber nichts rührte sich. Sie starrte zum Sandplatz hinüber. Kein Laut war zu hören. Die Nachmittagssonne schien warm vom Himmel, der Wind raschelte in den Blättern der Bäume. Die Kirchturmuhr schlug dreimal. Da entdeckte Bettina, daß der oberste Balken an einer Seite des Zaunes fehlte.

Er ist ausgebrochen, dachte Bettina entsetzt. Schnell setzte sie Bimbo ins Stroh. Dann holte sie das Halfter und ein paar Äpfel und lief auf die Straße. Auf dem Asphalt sah man keine Spuren. Wohin konnte er nur gelaufen sein? Sie überlegte verzweifelt. Da kam ihr ein schrecklicher Gedanke: die Autobahn!

Bettina begann zu rennen. Sie sandte ein Stoßgebet zum Himmel. Hoffentlich war Massai nichts zugestoßen! Im Geist sah sie schon zerbeulte, brennende Autos, heranrasende Krankenwagen mit schrillen Sirenen und Massai, der blutend zwischen den Trümmern lag.

Atemlos rannte sie weiter. Warum stand er nicht dort drüben im Haferfeld und fraß? Selbst in Frau Wieslers Garten hätte sie ihn gern gesehen – aber sie hielt vergeblich nach ihm Auschau.

Noch ein halber Kilometer bis zur Autobahn! Bettina verlangsamte ihren Lauf. Sie war erschöpft. Niedergeschlagen ging sie die staubige Landstraße entlang. Schon hörte sie das Summen der Wagen von der Autobahn. Hoffentlich ist ihm nichts passiert, dachte sie beklommen. Schließlich kam sie an eine Stelle, von der aus sie die Autobahn überblicken konnte. Die Wagen sausten funkelnd in beide Richtungen, ein Bauer mähte seine Wiese, aber von Massai war weit und breit nichts zu sehen.

Bettina atmete erleichtert auf. Manchmal ängstigte sie sich zu schnell und geriet in Panik, weil sie sich in ihrer Phantasie leicht das Schlimmste ausmalte.

„Entschuldigung, haben Sie hier ein Pferd vorbeikommen sehen?“ fragte sie den Bauern, nachdem sie den Hügel hinuntergelaufen war.

Er stellte den Traktor ab und antwortete: „Nein, tut mir leid. Ich habe kein Pferd gesehen. Bin schon seit Mittag auf dem Feld."

Bettina überlegte fieberhaft. Vielleicht war er ins nächste Dorf gelaufen? Großvater war öfter mit ihm dort gewesen. Immer wieder rief sie Massais Namen, schaute in jedes Feld und jede Einfahrt. Wo konnte er nur sein?

Sie fragte spielende Kinder, aber auch sie konnten ihr nicht weiterhelfen. Bettina lief in einem großen Bogen durch die angrenzenden Wiesen. Die Haare klebten ihr feucht am Kopf, und allmählich taten ihr die Beine weh. Sie mußte jetzt heimgehen. Vielleicht konnte sie von dort aus etwas unternehmen. Telefonieren... Es fiel ihr schwer, die Suche aufzugeben. Was würden die Eltern sagen?

Sie war ratlos, als sie zu Hause ankam. Was sollte sie nur tun? Sie konnte doch nicht nur dasitzen und abwarten! Minuten schienen sich zu Stunden zu dehnen. Rastlos lief sie von der Küche ins Wohnzimmer und wieder zurück. Sollte sie die Polizei anrufen? Sie wollte gerade aus dem Haus gehen, um den Zaun zu reparieren, da klingelte das Telefon. Rasch nahm sie den Hörer ab.

„Guten Tag, hier ist Anna Baumann. Sagen Sie, haben Sie nicht ein Pferd?"

„O ja!" rief Bettina. „Haben Sie Massai gefunden?"

Frau Baumann lachte. „Er hat uns gefunden, besser gesagt Jessica, unser Pferd. Er steht hier schon den ganzen Nachmittag an unserem Zaun."

„Oh, danke!" stotterte Bettina. „Ich komme sofort!"

Auf dem Weg fiel ihr ein, daß Hannes mit Nachnamen Baumann hieß. Ob er wohl zu Hause war? Sie strich sich nervös die Haare aus dem Gesicht. Die letzten Tage war sie Hannes in der Schule ausgewichen. Der Grund war, daß sie sich ihm gegenüber so schnell unsicher fühlte. Es war ihr peinlich, daß sie ihm gegenüber so unbeholfen war.

Sie sah Massai, als sie in den Hof einbog. Er stand unter einem großen Birnbaum an der Weide und hatte den Hals weit über den Zaun gereckt. Auf der anderen Seite graste eine hübsche Schimmelstute, die sich über Massais Gesellschaft sehr zu freuen schien. Zärtlich spielten die Tiere mit der Mähne des anderen.

„Sieh dir die beiden an!" sagte Frau Baumann, als sie aus dem Garten kam. „Dein Pferd und Jessica haben sofort Freundschaft geschlossen. Ich wollte Hannes zu euch hinüberschicken, aber er hat heute nachmittag Sport und ist noch nicht zu Hause. Ich habe versucht, bei euch anzurufen, aber es meldete sich niemand."

„Ich war den ganzen Nachmittag auf der Suche nach Massai", erklärte Bettina. „Ich hatte schreckliche Angst, daß er auf die Autobahn gerannt sein konnte!"

Bettina ging langsam auf Massai zu. Er wich ihr nicht aus und war zu Bettinas Erstaunen ganz ruhig, als sie ihm behutsam das Halfter anlegte. Er blieb gelassen stehen, ohne den Kopf in die Höhe zu reißen.

„Nun müssen wir nach Hause", sagte Bettina endlich aufmunternd und zog sachte am Führseil. Aber Massai rührte sich nicht von der Stelle. Bettina zog und zupfte, sie redete ihm gut zu und lockte mit Brot – es half alles nichts. Massai blieb wie angewurzelt stehen. Er wollte bleiben, das war klar.

„Es scheint ihm hier zu gefallen", lachte Frau Baumann. „Er ist sicher einsam. Eigentlich sollte man Pferde nicht einzeln halten; sie sind Herdentiere und brauchen Gesellschaft. Wir hatten uns überlegt, ein zweites Pferd zu kaufen, damit Jessica nicht dauernd allein ist. Aber es ist schwer, das richtige Tier zu finden."

„Großvater sagte auch, daß es nicht gut sei, nur ein Pferd zu halten. Er sagte, es sei manchmal vorteilhaft, ein Pferd für kurze Zeit zu isolieren, wenn man es stärker an Menschen binden wolle, aber nie auf Dauer."

Bettina versuchte erneut, Massai zum Gehen zu bewegen, aber er rollte nur mit den Augen und stemmte sich rückwärts.

„Ich nehme Jessica und begleite dich nach Hause", schlug Anna Baumann vor. „Sie geht sicher mit mir zurück."

Sie war eine praktische Frau. Bettina mochte sie spontan. Sie trug Kleidung, mit der man gut im Garten arbeiten konnte, ihre blonden Haare waren locker im Nacken zusammengebunden. Sie hatte Lachfältchen um die Augen, und die Ruhe, die sie ausstrahlte, tat Bettina gut.

Sobald Jessica neben ihm hergeführt wurde, gab Massai seinen Widerstand auf und folgte willig. Anna Baumann sah sich Massais Stall und die Koppel genau an. „Ich überlege gerade, ob es möglich wäre, eine Haltergemeinschaft zu gründen, damit die Pferde nicht mehr allein sind. Hast du schon einmal daran gedacht?" fragte sie Bettina.

Bettina schüttelte den Kopf. „Ich weiß nicht, was meine Eltern dazu sagen würden. Wir haben nämlich eine Probezeit von sechs Monaten vereinbart, und erst danach entscheidet es sich, ob ich Massai behalten darf oder nicht."

„Deine Eltern wollen ihn verkaufen?"

„Ja, sie glauben, daß er zu gefährlich für mich ist", sagte Bettina mit erstickter Stimme.

„Da wünsche ich dir viel Glück, Bettina. Und wenn du Hilfe brauchst, kannst du dich jederzeit an uns wenden."

Sobald Jessica außer Sichtweite war, begann Massai zu stampfen und zu schnauben.

„Du möchtest nicht allein sein, ich weiß!"

Bettina streichelte ihn liebevoll. „Aber vorerst mußt du dich mit Bimbo als Stallgefährten zufriedengeben. Laß uns noch für den Schmied üben, damit er bald kommen kann. So kannst du nicht länger herumlaufen!"

Massais Hufe waren sehr gewachsen und an den Kanten ausgebrochen.

Bettina führte den Hengst in seine Lieblingsecke auf der Koppel. Sie band ihn nicht an, sondern schlang das Seil nur um einen Pfosten. Er warf sich, wenn er Angst bekam, mit vollem Gewicht nach hinten und hatte so schon einige Stricke zerrissen.

„Massai soll freiwillig dableiben. Wenn er einmal begriffen hat, daß er keine Angst zu haben braucht, wirst du ihn anbinden können!"

Oft war Bettina, als hörte sie den Großvater sprechen. Er war irgendwie immer bei ihr und sprach mit ihr.

Seitdem fühlte sie sich nicht mehr so einsam und hilflos. Es war ihr nicht nur schwergefallen, den Schmerz über seinen Tod zu bewältigen – sie hatte sich auch bei der Arbeit mit Massai ohne seine Hilfe am Anfang oft hilflos gefühlt.

Allmählich wuchs ihr Selbstvertrauen und gab ihr Kraft, ihre eigene Angst zu überwinden.

Vorsichtig strich sie an Massais Bein hinunter. Kaum berührte sie den Huf, da begann der Hengst nervös zu tänzeln und zuckte mit dem Huf hin und her. „Nur ruhig, Massai, ich tue dir nichts", sagte sie und klopfte seinen Hals. Wieder wandte sie sich seinem Vorderbein zu. Sie berührte nun beide Beine abwechselnd. Dies war eine Methode, die ihr der Großvater gezeigt hatte.

Massais gewöhnliche Reaktion war, sein Bein der Berührung zu entziehen. Da Bettina aber beide Vorderbeine zugleich anfaßte, war ihm dies nicht mehr möglich, da er ja nur ein Bein auf einmal anheben konnte.

All diese Übungen bewirkten eine Veränderung in Massais Denk- und Verhaltensschema. So gewann er die Möglichkeit, Neues zu lernen, zum Beispiel, daß es nicht unangenehm sein mußte, sich berühren zu lassen. Nach einer Weile beruhigte er sich und duldete, daß Bettina an seinen Vorderbeinen entlangstrich.

„Das machst du gut, Massai!" lobte sie. „Du brauchst nur auf ein bestimmtes Signal hin Hufe geben. Der Tierarzt muß dich zum Beispiel anfassen und deine Beine überprüfen können, ohne daß du glaubst, du solltest Hufe geben. Wir müssen klare Zeichen vereinbaren, sonst wirst du unsicher. Du versuchst es mir recht zu machen und wirst dabei immer unruhiger, weil du nicht genau weißt, was du tun sollst."

Nun wandte sie sich der Hinterhand zu. Aber sobald sie das Sprunggelenk berührte, zog Massai das Bein hoch. Er hielt es unter seinen Bauch, möglichst weit weg von Bettina.

Er erinnerte sich noch deutlich an brutal zupackende Hände, die sein Bein grob herumgezerrt hatten. Nur mit größter Mühe hatte er das Gleichgewicht halten können, denn es war für ihn nicht einfach, auf drei Beinen zu stehen.

Später hatten dann die Leute, als er das Bein hochzog, befürchtet, er wolle ausschlagen, und hatten Angst bekommen. Sie machten sich Luft, indem sie Massai anschrien, was das sensible Pferd noch mehr verschreckte. So war daraus ein Teufelskreis des Mißtrauens und der Angst geworden, und es war keine leichte Aufgabe, ihn zu durchbrechen. Bettina wußte, dank der Erklärungen und Ratschläge ihres Großvaters, daß Massai nicht ausschlug. Trotzdem hatte sie sich anfangs vor ihm gefürchtet. Aber ihre Zuneigung zu Massai war stärker als ihre Angst, und damit war schon viel gewonnen.

Massai spürte, daß Bettina ihn wirklich gern hatte. Er wurde ruhiger, begann sich zu entspannen und das Bein zu senken. Bettina fuhr fort, ihn zu berühren, bis er schließlich das Bein nicht mehr wegzog. Sie war sehr froh über diesen Erfolg.

Sie wollte nun versuchen, einen Vorderhuf aufzuheben. Sie drückte oberhalb des Fesselgelenks und sagte: „Gib Fuß, Massai!"

Tatsächlich hob er gehorsam den Huf.

Dann ging alles sehr schnell. Massai stand unsicher und lehnte sich daher mit seinem vollen Gewicht auf den angewinkelten Fuß. Bettina konnte ihn nicht halten. Er sank in die Knie, versuchte sich wieder hochzuziehen und stieg steil in die Höhe. Bettina hatte zum Glück rechtzeitig losgelassen. Massai taumelte auf der Hinterhand rückwärts und konnte es gerade noch vermeiden, sich zu überschlagen. Zitternd stand er in der Mitte des Platzes.

Bettina war selbst auch sehr erschrocken, ihr Herz klopfte wie rasend. Einen Augenblick lang fühlte sie sich mutlos und ihrer Aufgabe nicht gewachsen. Aber sie wollte nicht, daß Massai verkauft wurde. Sie hatte ihn so sehr in ihr Herz geschlossen, daß sie bereit war, alles zu tun, was in ihrer Macht stand, um dies zu verhindern. Sie mußte nun tun, was ihr Großvater getan hatte. Nicht aufgeben! hatte er ihr immer wieder gesagt.

Bettina holte tief Luft.

„Komm, Massai, laß es uns noch einmal versuchen!“

Sie ging auf ihn zu, nahm den Strick und führte ihn ein paar Runden um den Platz. Dann kehrte sie wieder an den Zaun zurück.

„Ich möchte nicht, daß du dir diesen Schrecken als Erinnerung an unsere Arbeit einprägst. Ich fühle mich auch wohler, wenn wir mit einer Übung aufhören, die uns gelingt.“

Als sie abermals die Beine hinunterstrich, zitterte Massai ein wenig, aber er blieb stehen und wandte Bettina aufmerksam den Kopf zu.

„Sieh dir ruhig an, was ich tue, dann weißt du Bescheid“, ermutigte sie ihn.

Massai hatte jahrelang nicht gewagt, den Kopf zu wenden. Meist war er dazu sowieso zu kurz angebunden gewesen. Er hatte es einige Male versucht, aber sein damaliger Besitzer hatte angenommen, er wolle ihn beißen, und hatte ihm hart aufs Maul geschlagen.

Seither war Massai kopfscheu. Er verstand nicht, was er falsch gemacht hatte. Sein Besitzer hatte nicht erkannt, daß er lediglich sehen wollte, was mit seinem Bein geschah. Der Mann war bei ähnlichen Gelegenheiten von anderen Pferden in den Rücken gezwickt worden und wollte kein Risiko mehr eingehen.

„Schluß für heute!“

Bettina nahm Massai das Halfter ab und blieb an ihn gelehnt stehen.

„Das waren anstrengende Übungen, nicht wahr, Massai!“

Sie spürte die Wärme des Pferdeleibes unter ihren Händen. Vorsichtig legte sie ihre Wange an das weiche Fell. Massais Flanken hoben und senkten sich sachte. Bettina horchte auf seinen Herzschlag. Erstaunt fühlte sie die Regelmäßigkeit ihrer Atemzüge und den Gleichklang mit denen Massais. Die Stärke ihrer Verbindung mit Massai war ihr noch nie so bewußt gewesen. Es war der stille, friedliche Ausklang des Nachmittags, der Bettina Zuversicht gab und sie zufrieden nach Hause gehen ließ.

Ein Regentag und seine Folgen

Es regnete in Strömen. Der Himmel war grau und wolkenverhangen. Kalter Wind rüttelte die Bäume und zerrte an den Fensterläden. Bettina saß mit einem Teller Suppe, die sie sich aufgewärmt hatte, allein am Tisch.

Die Arbeitsplätze ihrer Eltern waren so weit entfernt, daß sie mittags nie nach Hause kommen konnten. Bettina blickte durch die nassen Fensterscheiben nach draußen. Ihre Gedanken schweiften in die Vergangenheit.

Früher hatte sie bei diesem Wetter ihre Nachmittage in Großvaters Werkstatt zugebracht. Es war dort immer so gemütlich gewesen. Er hatte den Holzofen angezündet und herrliche Pfannkuchen gebacken. Nach dem Essen hatte er die Zeitung gelesen, Bettina hatte ihre Hausaufgaben angefangen und auf den Regen gelauscht, der durch die Dachrinne plätscherte. Auch wenn sie sich nicht unterhielten, hatte Bettina das Beisammensein mit dem Großvater genossen. Eine lange Zeit schien inzwischen vergangen zu sein. Warum mußte Großvater so früh sterben? Diese Frage quälte Bettina oft, und sie konnte keine Antwort darauf finden.

Sie versuchte diese Gedanken von sich abzuschütteln, übermorgen schrieb sie eine wichtige Arbeit, und Massai mußte so bald wie möglich zum Schmied. Sie entschloß sich, trotz des schlechten Wetters mit ihm zu üben.

Bettina zog sich warm an und schlüpfte in ihre gelbe

Regenjacke. Die Kapuze tief ins Gesicht gezogen, ging sie zur Koppel hinunter. In der Tasche trug sie ihr Lateinbuch. Sie fand Bimbo und Massai im Stall. Die beiden hatten sich eng miteinander angefreundet. Bimbo lag friedlich zwischen Massais Hufen im Stroh und schlief. Sein verletztes Ohr war verheilt, und seitdem Bettina ihn täglich bürstete und ihm Futter und Wasser hinstellte, glänzte sein Fell seidig.

Massai war naß, aber er schien zufrieden zu sein. Bettina fuhr mit der Hand gegen den Strich durch sein Fell. Seine Haut war trocken, nur die Deckhaare waren feucht und bildeten kleine Dreiecke, an denen die Tropfen abperlten. Fasziniert betrachtete Bettina all die Wirbel in Massais Fell, die verhinderten, daß er an empfindlichen Stellen naß wurde.

„Die Natur hat dich gut ausgerüstet!“ sagte sie bewundernd. Sie setzte sich auf einen umgedrehten Futtereimer und begann zu lesen.

Frau Baumann ging die Straße hinunter. Plötzlich stutzte sie. Hatte da nicht jemand gesprochen? Sie hob ihren Regenschirm höher, und wieder hörte sie die Stimme.

„Formica, die Ameise. Mundus, das Weltall. Formica, die Ameise…“ Sie lächelte. Das mußte Bettina sein. Bei diesem Wetter saß sie bei ihrem Pferd im Stall und lernte. Anna Baumann bewunderte die Ernsthaftigkeit und Hingabe, mit der Bettina sich Massai widmete. Sie erinnerte sich daran, daß Jessica einmal Husten gehabt und Hannes ihr stundenlang aus „Tausendundeiner Nacht“ vorgelesen hatte. Sie schlug ihren Mantelkragen hoch und ging langsam weiter.

Bettina klappte das Buch zu. Es regnete noch immer. „Ich hatte gehofft, daß es aufhört, Massai. Aber es scheint kein Ende zu nehmen. Laß uns trotzdem hinausgehen, um zu üben. Ich habe Angst, daß du dich im Stall verletzt, falls du steigst oder rückwärts läufst."

Bettina zog ihm das Halfter an. Massai wußte, was nun kam. Er hatte sich mit der Zeit an die Übungen gewöhnt.

Nach den ersten zehn Minuten war Bettina sehr zufrieden mit ihm. Sie hatte alle vier Beine jeweils kurz angehoben und wieder zu Boden gestellt. Ihre Wangen glühten, und die Kapuze war ihr vom Kopf gerutscht, aber sie bemerkte es gar nicht.

„Bald kann der Schmied kommen", sagte sie zufrieden.

Massai hatte erstaunliche Fortschritte gemacht. Er war ruhiger geworden und erschrak nicht mehr so leicht. Manchmal hatte Bettina sogar den Eindruck, daß er die Übungen gerne mitmachte.

Sie fröstelte. Auf einmal spürte sie, wie naß ihre Haare waren. Die Hände waren rotgefroren, und das Regenwasser war ihr sogar in die Gummistiefel gelaufen. Sie nahm Massai das Halfter ab.

„Mir wird es zu kalt, vielleicht ist morgen besseres Wetter", verabschiedete sie sich und zauste liebevoll seine Mähne.

Der Regen hatte den Sandplatz aufgeweicht, es hatten sich große Pfützen gebildet. Als Bettina auf das Tor zuging, fühlte sie sich, als ob sie Bleigewichte an den Füßen hätte. Selbst als sie sich umgezogen hatte, war ihr heiß und kalt zugleich, und sie hätte sich am liebsten ins

Bett gelegt. Aber sie wollte die Deutscharbeit, die sie morgen schreiben sollte, nicht versäumen und versuchte zu lernen. Es fiel ihr schwer. Aber sie wollte ihren Eltern unbedingt beweisen, daß sie Massai behalten konnte, ohne deshalb in der Schule nachzulassen.

Am nächsten Morgen wachte sie mit bohrenden Kopfschmerzen auf. Sie hatte Halsschmerzen und fühlte sich schwindelig. Sie überlegte, ob sie zu Hause bleiben sollte, aber dann entschloß sie sich, mitzuschreiben, denn sie holte Klassenarbeiten ungern allein nach. Es war ihr unangenehm, als einzige in einem großen, leeren Klassenzimmer vor ihren Aufgaben zu sitzen.

Sie schaute in den Spiegel. Sie sah blaß aus und hatte dunkle Ringe unter den Augen. Sorgfältig kämmte sie ihre Haare und wusch das Gesicht mit kaltem Wasser, so daß ihre Wangen etwas Farbe bekamen. Die Eltern sollten nicht wissen, daß sie krank war. Ihre Mutter sorgte sich so schnell um sie.

Aber die Eltern verließen gerade das Haus, als Bettina in die Küche kam. „Tschüs, Schatz!“ rief ihre Mutter. „Ich habe es eilig. Auf dem Tisch steht ein Müsli für dich, und das Mittagessen findest du im Kühlschrank. Bis heute abend!“ Sie schloß die Tür, und es blieb nur ein Hauch ihres feinen Parfüms in der Küche zurück. Mutter legte großen Wert auf ihr Aussehen und war stets elegant gekleidet, wenn sie zur Arbeit ging. Ihr blondes Haar trug sie kurz und modisch geschnitten, ihr Make-up war dezent auf die Farbe ihrer Kleidung abgestimmt.

Bettina setzte sich müde auf einen Küchenhocker. Sie

konnte die allmorgendliche Hetzerei ihrer Eltern nicht vertragen. Es ging alles so schnell, und gerade heut war sie froh, etwas Ruhe zu haben. Früher hatte sie es oft bedauert, morgens meist allein zu sein, aber mit der Zeit hatte sie sich daran gewöhnt. Oft wünschte sie sich eine Schwester oder einen Bruder. Jemanden, der mit ihr nicht nur über das Geschäft redete, Anordnungen gab und es ständig eilig hatte.

Vor dem Umzug war sie oft bei ihrer Freundin Iris über Nacht geblieben. In ihrer Familie hatte sich Bettina wohl gefühlt. Iris hatte zwei Geschwister, und sie standen alle zur gleichen Zeit auf. Die Mutter frühstückte mit ihnen; sie zündeten eine Kerze an und erzählten sich manchmal ihre Träume. Das gab dem Morgen einen Anfang, es war nicht nur eine Zeit, die einen unangenehmen Vorgeschmack auf die Schule gab.

Bettina vermißte Iris. Eine Freundin wie sie hatte sie in dem Jahr seit ihrem Umzug nicht wieder gefunden. Es fiel Bettina schwer, sich in ihrer neuen Umgebung einzugewöhnen. Ihr fehlte jemand, der in ihrer Nähe wohnte und den sie gut kannte, denn es war nicht einfach, die Freundschaft mit Iris über die weite Entfernung aufrechtzuerhalten.

Bettina nahm sich vor, sich morgens auch eine Kerze anzuzünden, aber für heute war es schon zu spät dafür...

Als sie nach Hause kam, legte sich Bettina ins Bett. Die Klausur war schwierig gewesen, und sie hatte große Mühe gehabt, sich zu konzentrieren. Plötzlich kam ihr ein erschreckender Gedanke. Sie durfte nicht krank werden! Wer sollte dann Massai versorgen? Sie befürchtete, daß ihr Vater wieder von Massais Verkauf zu sprechen beginnen würde. Das durfte sie nicht zulassen. Mit weichen Knien ging sie durch den Nebel zur Koppel. Noch nie war ihr der Weg so weit vorgekommen. Sie war erschöpft, als sie am Stall ankam. Sie begrüßte Massai kurz und begann die Box zu säubern. Jede Bewegung schmerzte, und sie setzte sich auf die Krippe, um sich auszuruhen. Sie war gereizt und ärgerlich, weil sie krank wurde und nichts daran ändern konnte. Wie sollte sie in diesem Zustand Massai versorgen? Der Gedanke peinigte sie. Sie wußte, daß es keinen Sinn hatte, mit dem Hengst zu üben, wenn sie sich so schwach fühlte.

Einmal hatte sie sich, als Großvater noch lebte, nicht wohl gefühlt, weil sie Heuschnupfen hatte. Sie war trotzdem auf die Koppel gegangen und hatte versucht Massai einzufangen. Sie hatte Schwierigkeiten gehabt, zu atmen, und er war ihr immer wieder ausgewichen. Schließlich war sie so wütend geworden, daß sie die Geduld verlor und Massai aus Leibeskräften anschrie. Es war eine der wenigen Situationen gewesen, in denen Großvater geschimpft hatte.

„Bettina, hör sofort auf! Weißt du, was du da tust? Wenn du nicht gesund bist und dich nicht beherrschen kannst, hast du bei einem Pferd nichts zu suchen! Geh und tob dich woanders aus. Wenn du dich beruhigt hast, kannst du wiederkommen, aber in diesem Zustand will ich dich nie wieder auf der Koppel sehen! Du kannst deinen Ärger nicht an deinem Pferd auslassen!“

Bettina war früher manchmal jähzornig gewesen, aber im Umgang mit Massai hatte sie viel Selbstbeherrschung gelernt. So gab sie den Gedanken auf, heute mit ihm zu arbeiten. Sie gestand sich nur ungern ein, daß sie dazu nicht in der Lage war. Aber um Massais willen war sie sich selbst gegenüber ehrlich und wollte sich nicht überschätzen.

Bettina schlief erschöpft, als ihre Eltern nach Hause kamen.

„Bist du krank?“ fragte die Mutter und legte die Hand auf Bettinas Stirn.

„Es ist nur ein Schnupfen“, sagte Bettina und versuchte zu lächeln. „Mach dir keine Sorgen, morgen bin ich wieder auf den Beinen.“

„Hast du Fieber gemessen?“ fragte Frau Vömel. Ohne die Antwort abzuwarten, griff sie nach dem Thermometer, das auf dem Nachttisch lag.

„Achtunddreißig-neun!“ rief sie besorgt. „Das ist nicht nur eine Erkältung, Bettina. Aufstehen kommt nicht in Frage! Du solltest ein paar Tage im Bett bleiben.“

„Das kann ich nicht, Mama“, sagte Bettina leise. „Ich muß doch Massai versorgen.“

Die Mutter schüttelte den Kopf. „Du bist zu krank, um bei diesem Wetter hinauszugehen.“

„Könntest du ihn vielleicht versorgen, Mama?“ fragte Bettina zögernd.

Frau Vömel überlegte kurz. „Nein, Bettina, ich habe keine Zeit und auch nicht genügend Erfahrung im Umgang mit Pferden. Dem Kater im Stall möchte ich auch nicht zu nahe kommen – meine Allergie wird zu leicht ausgelöst. Papa hat diese Woche bis spät abends Konferenzen, er wird dir auch nicht helfen können.“

„Ihr seid nie für mich da, wenn ich euch brauche", sagte Bettina bitter.

„Du bist ungerecht, du weißt doch, wie hart wir beide arbeiten", verteidigte sich die Mutter.

„Ja, und eure Arbeit scheint das Wichtigste in eurem Leben zu sein. Alles dreht sich um deine Karriere. Wenn ihr nach Hause kommt, wollt ihr euch ausruhen. Ihr interessiert euch für meine Noten in der Schule, aber meine Gefühle sind euch gleichgültig."

„Das ist nicht wahr, Bettina!" sagte die Mutter heftig. „Wir haben dich doch lieb. Ohne meine Arbeit könnten wir uns dieses Haus, dein Pferd und Dinge wie unsere Kunstsammlung gar nicht leisten. Du bist undankbar!"

Bettina war noch blasser geworden. „Eure Kunstsammlung, all diese Dinge... nur Zeit, Zeit habt ihr für mich nie. Hast du je daran gedacht, wie ich mich dabei fühle, nach der Schule in ein leeres Haus zu kommen und den ganzen Nachmittag allein zu sein?"

Frau Vömel lief aufgebracht aus Bettinas Zimmer und schloß die Tür mit einem lauten Knall hinter sich.

Bettina weinte.

Die Eltern wollten nicht verstehen, daß sich ihre fehlende Zuwendung und Wärme nicht durch materielle Dinge ersetzen ließen. Bettina fühlte sich allein gelassen. Wer sollte nun Massai versorgen?

Du kannst dich jederzeit an mich wenden, wenn du Hilfe brauchst, hatte Hannes gesagt. Bettina kämpfte mit ihrer Schüchternheit. Sie überlegte, ob sie Hannes bitten könnte, Massai zu versorgen. Es schien die einzige Möglichkeit zu sein. Ob er sein Angebot wirklich ernst gemeint hatte? Sie zog sich den Bademantel an und ging nach unten. Die Mutter saß im Wohnzimmer und las.

Bettina blieb verlegen stehen. Sie wußte nicht, was sie nach dem Streit sagen sollte. Sie räusperte sich. „Es tut mir leid, Mama. Ich habe mir Sorgen um Massai gemacht. Aber ich habe eine Lösung gefunden. Ich werde Hannes anrufen und ihn bitten, Massai zu versorgen, solange ich krank bin."

Bettinas Vorwürfe hatten die Mutter gekränkt, aber sie versuchte, ihre Betroffenheit nicht zu zeigen. „Das klingt sehr vernünftig", sagte sie und ging in die Küche, um der Tochter einen Tee zu kochen.

Bettina hatte Herzklopfen, als sie den Hörer abnahm. Langsam wählte sie die Nummer.

„Hallo", meldete sich eine Kinderstimme. Das mußte Hannes' kleiner Bruder sein.

„Guten Tag, hier ist Bettina. Kann ich bitte Hannes sprechen?" sagte sie hastig.

„Ja", antwortete der kleine Junge.

Sie hörte ihn rufen: „Hannes, da ist ein Mädchen am Telefon für dich!" Schon bevor es begonnen hatte, war ihr dieses Gespräch peinlich. Sie kritzelte nervös Kreise und Dreiecke auf den Block neben dem Telefon. Sie erschrak beinahe, als Hannes auf einmal „Hallo!" sagte.

Bettina schwieg. Dann sagte sie: „Hier ist Bettina. Ich habe die Grippe und wollte dich fragen, ob du Massai für ein paar Tage versorgen kannst?"

„Klar", erwiderte Hannes. „Fütterst du Hafer?"

Bettina war erleichtert. Sie hatte es sich viel schwieriger vorgestellt, mit Hannes zu sprechen. „Nein, er bekommt nur Heu. Du kannst ihm ein paar Äpfel geben, die Kiste steht in der Futterkammer. Sei bitte vorsichtig mit ihm, du weißt ja, wie scheu er ist."

„Mach dir keine Sorgen", sagte Hannes. „Ich werde auch deinen Kater füttern."

„Er heißt Bimbo und ist sehr zutraulich", erklärte Bettina. „Bitte, bürste ihn auch. Er ist jetzt daran gewöhnt. Ich bin so froh, daß du mir hilfst, Hannes. Ich rufe dich an, wenn es mir bessergeht. Hab vielen Dank!"

„Gute Besserung", sagte Hannes. „Werd' schnell gesund!"

„Immer mit der Ruhe, mein Junge", versuchte Hannes Massai zu beruhigen. Er stand in die Ecke der Koppel gedrängt und sah Hannes erschrocken an. Vor Fremden und besonders vor Männern fürchtete er sich noch immer. Aber als er Hannes' Stimme eine Weile gehört hatte, legte sich sein Mißtrauen ein wenig. Hannes kam langsam auf ihn zu und klopfte ihm freundlich den Hals.

„Deine Hufe sind wirklich ungepflegt", meinte er kopfschüttelnd und griff nach Massais Vorderbein. „Gib Fuß", sagte er bestimmt.

Und Massai hob gehorsam den Huf. Er war überrascht. Er stand beim Stall und war nicht angebunden, Hannes hatte ihm nicht einmal ein Halfter angelegt.

Hannes war gewohnt, sein eigenes Pferd so zu behandeln, und die Selbstverständlichkeit und Sicherheit, mit der er vorgegangen war, hatte Massai überrumpelt. Er stand unsicher und legte wieder sein volles Gewicht auf das angewinkelte Vorderbein.

„So geht das nicht, Massai", sagte Hannes. Er bewegte den Fuß vorsichtig hin und her, so daß Massai sein Gewicht etwas verlagern mußte. Massai machte eine neue Erfahrung: Er konnte auf drei Beinen sicher stehen!

Hannes untersuchte ihn fachkundig und murmelte: „Deine Hufe müssen dringend ausgeschnitten werden, mein Lieber."

Behutsam stellte er den Fuß auf den Boden. Massai wendete den Kopf und stupste Hannes in die Seite. Der Junge lachte und zog ein Stück Brot aus der Tasche. Sie hatten Freundschaft geschlossen.

Bettina lag im Bett und schaute aus dem Fenster. Der Himmel war noch bedeckt, aber es regnete nicht mehr. Sie hatte lange geschlafen und erinnerte sich an einen Traum. Sie lief mit Massai einen langen, schmalen Gang entlang. Die Wände waren kahl, und Massais Hufe hallten. Sie waren ganz allein, und am Ende des Ganges war ein eisernes Tor. Als Bettina die Klinke drückte, fand sie die Tür verschlossen. Sie kehrte um und wollte zurückgehen.

Da riß sich Massai los und galoppierte den Gang hinunter. Sie rief nach ihm, aber er hörte nicht.

Plötzlich öffnete sich das Tor geräuschlos, helles Sonnenlicht flutete herein und blendete Bettina für einen Moment. Sie folgte Massai erstaunt und fand ihn mit drei Pferden auf einer großen Wiese grasen. Eines der Pferde war schwarz, eines weiß und eines isabellfarben, sein Fell schimmerte fast golden. Die Luft roch frisch, und Bettina genoß die Wärme der Sonnenstrahlen und den Anblick der Pferde.

Sie konnte sich zwar nicht erklären, was dieser Traum in seinen Einzelheiten bedeutete, aber sie war erleichtert aufgewacht. Die Erinnerung an ihren Traum erfüllte sie mit einem befreienden Gefühl. Sie war erschöpft, trank Tee und aß einen Zwieback, den ihr die Mutter ans Bett gestellt hatte. Sie war froh, nicht nach draußen zu müssen, um Massai zu füttern. Bald war sie wieder eingeschlafen.

Die nächsten Tage verbrachte Bettina im Bett. Sie konnte sich nicht erinnern, wann sie das letzte Mal krank gewesen war.

„Ich weiß es nicht mehr genau", antwortete ihre Mutter, als sie sie danach fragte. „Ich glaube, es war vor drei Jahren. Damals habe ich mir extra ein paar Tage frei genommen, um bei dir zu sein." Sie hob hilflos die Schultern. „Ich würde das auch jetzt gern tun, aber es ist nicht möglich. Zwei meiner Kollegen sind krank, da kann ich nicht auch noch ausfallen."

„Das macht nichts, Mama, ich komme allein zurecht. Du kochst mir ja morgens Tee, ich schlafe sowieso die meiste Zeit. Du brauchst dir keine Vorwürfe zu machen, ich fühle mich wohl."

Das stimmte zwar nicht, aber weil Bettina sich vernachlässigt fühlte, hatte sie sich innerlich sehr zurückgezogen. Sie gab ihren Eltern gegenüber nicht oft zu, wie einsam sie war. Sie schienen an ihrem Leben nichts ändern zu können oder zu wollen, und so hatte Bettina aufgegeben, ihnen zu sagen, wie sehr sie darunter litt.

Sie lag im Bett und horchte in das stille Haus hinein. Nirgends ein Schritt, ein Laut, ein Lachen. Alles war ruhig, nur ein Fenster knarrte ab und zu. Draußen pfiff der Wind und trieb graue Wolken über den Himmel.

Bettina verbrachte Stunden in einer Art fiebrigem Dämmerzustand. Es kam ihr vor, als durchlebte sie Großvaters Beerdigung, auf der sie nicht hatte weinen können und mühsam eine Schaufel Erde auf seinen Sarg geworfen hatte, nun halb wach, halb träumend noch einmal. Sie erinnerte sich an Ereignisse in ihrer frühen Kindheit. Sie sah sich mit Iris an einem kleinen Weiher Frösche fangen und um die Wette schwimmen.

Noch einmal sah sie den ersten selbstgebastelten Drachen, den Großvater ihr geschenkt hatte, hoch in die Lüfte steigen, weit und immer weiter in das unendliche Blau. Wieder hörte sie den Nachbarsjungen Victor Trompete üben. Er spielte Märsche oder auch einfach nur Töne, die manchmal von der zornigen Stimme seines Vaters unterbrochen wurden und erst nach einer Weile zaghaft wieder begannen.

Sie roch das nasse Pflaster, über das sie an der Hand ihres Kindermädchens gegangen war, sah das Stück schwarzes Tuch am Baum im Wind flattern, von dem sie immer geglaubt hatte, daß es vom Rock einer Hexe stammte, die dort hängengeblieben war.

„Bettina!“ Sie schreckte aus ihren Träumen auf und wußte zunächst gar nicht, wo sie war. Hatte da jemand gerufen? Alles blieb still. Sie horchte eine Weille, aber der Ruf wiederholte sich nicht.

Bettina aß kaum etwas während ihrer Krankheit. Ihre

nächste Umgebung, ja selbst Massai, schien in weite Ferne gerückt zu sein. Es war, als wirbelte ihre Vergangenheit wie bunte Blätter noch einmal an ihr vorüber, um sich dann still zu Boden zu senken. Ihre Mutter sah, wie sich Bettinas Züge veränderten. Obwohl sie es nicht in Worte fassen konnte, spürte sie deutlich, daß etwas in ihrer Tochter vorging.

Als Bettina am nächsten Morgen erwachte, fühlte sie sich viel besser und hatte auf einmal wieder Hunger. Sie war schwindelig, als sie aufstand. Vorsichtig ging sie die Treppe hinunter, um sich etwas zum Frühstück zu machen. Nach den Tagen mit Tee und Zwieback freute sie sich auf Brot, Butter und Marmelade. Sie stellte alles auf ein Tablett und trug es in ihr Zimmer. Sie hatte sich schon lange gewünscht, einmal im Bett zu frühstücken.

Etwas fehlte ihr auf dem kleinen Tisch, als sie anfangen wollte zu essen. Sie ging noch einmal nach unten und holte eine Kerze und Streichhölzer. Als sie sie anzündete, war ihr ganz feierlich zumute. Sie blickte in die kleine Flamme, die ruhig brannte, und begann erst nach einer Weile zu essen. Sie fühlte sich ruhig und zufrieden und spürte, daß sie kräftiger wurde. Aber noch strengte es sie sogar an, zu essen. Sie schaute aus dem Fenster und in die Kerzenflamme und war bald wieder eingeschlafen.

Am nächsten Morgen galt Bettinas erster Gedanke Massai. Die Sonne schien warm zum Fenster herein, und Bettina stand ohne zu zögern auf. Sie freute sich so darauf, Massai wiederzusehen, daß sie, sobald sie angezogen war, schnell den Weg zur Koppel hinunterlief. Es kam ihr vor, als sei sie schon sehr lange nicht mehr dort gewesen. Sie fragte sich, ob Massai sie wiedererkennen würde.

Als sie um die Ecke bog und leise pfiff, flog sein Kopf in die Höhe. Die Ohren aufmerksam gespitzt, blickte er erwartungsvoll in ihre Richtung. Er sah wunderschön aus. Seine rote Mähne flammte in der Sonne, die dunklen Augen glänzten, das Fell schimmerte seidig, seine Haltung drückte Adel und Sensibilität aus.

„Massai! Du hast mir so gefehlt!“ rief Bettina und lief auf ihn zu. Sie hatte ihn vermißt, als sie krank gewesen war, und nun kam es ihr vor, als hätten sie sich Jahre nicht gesehen. Sie freute sich über Massais Zutraulichkeit. Sie war dankbar, endlich die Freundschaft des scheuen Pferdes gewonnen zu haben. Sie verstand, daß Massai allmählich seine Scheu ablegte, und das gab ihr Mut, ihre eigene Schüchternheit zu überwinden, anstatt sich immer weiter in Vereinsamung und Isolation zurückzuziehen.

„Hannes hat dich gut gepflegt“, meinte sie anerkennend, als sie über Massais weiches Fell strich. „Mal sehen, ob du dich noch an unsere Übungen erinnerst“, sagte Bettina und ging das Halfter holen. Sie befürchtete, daß Massai alles vergessen haben könnte, daß sie wieder von vorn beginnen müßten. Oft genug hatte Großvater sie auf die Notwendigkeit einer regelmäßigen Arbeit hingewiesen. Durch längere Pausen konnte ein Pferd alles bisher Gelernte wieder vergessen, besonders, wenn man eine Lektion am Anfang unterbrach.

„Es tut mir leid, daß ich nicht zu dir kommen konnte“, sagte Bettina, als sie sich Massai langsam mit dem Halfter näherte. Zu ihrem Erstaunen ließ er sich willig aufhalftern, blieb ruhig mit gesenktem Kopf stehen und schaute sie interessiert an. Sie lobte ihn und begann vorsichtig seine Beine entlangzufahren. Massai blieb gelassen stehen, anstatt, wie sie befürchtet hatte, rückwärts zu gehen. Probeweise hob sie ein Vorderbein auf, und Massai balancierte so sicher auf drei Beinen, als habe er sein Leben lang nichts anderes getan.

„Massai, du hast ja gar nichts verlernt! Du hast dir alles gemerkt und bist sogar noch ruhiger geworden!" Bettina klopfte ihm den Hals. Vielleicht hatte Großvater doch nicht recht gehabt, oder Massai war eine Ausnahme. Bettina hob seine Hinterbeine auf. „Du erschrickst ja nicht einmal, wenn ich gegen deine Hufe klopfe", stellte sie zufrieden fest. „Ich glaube, nun kann der Schmied kommen."

Bettina setzte sich vor den Stall in die Sonne. Bimbo strich schnurrend um ihre Beine, Massai graste in ihrer Nähe. Die Freude über seine Fortschritte machte Bettina froh. Die Gewißheit, daß Massai sie gern hatte und aus ihrer Arbeit lernte, gab ihr mehr und mehr Selbstvertrauen. Auch Bimbos Zuneigung tat ihr gut. Der Kater kletterte auf ihren Schoß und rieb seinen Kopf an ihrer Hand. Bettina hätte gern jemandem von Massai erzählt. Ihr kam der Gedanke, Frau Baumann zu besuchen.

„Komm, Massai", rief sie, „wir machen einen Spaziergang zu deiner Freundin Jessica!" Kurz darauf führte sie den Hengst die Straße entlang. Bimbo folgte den beiden auf weichen Pfoten.

Jessica wieherte freudig, als sie in den Hof einbogen.

Noch bevor Bettina den Klingelknopf gedrückt hatte, bellte hinter der Tür ein Hund, sie hörte Schritte, und Anna Baumann öffnete. Bettina war etwas unsicher, es war das erste Mal, daß sie jemanden hier im Dorf besuchte.

„Hallo, Bettina“, begrüßte sie Frau Baumann. „Schön, daß du wieder gesund bist! Du hast sogar Massai mitgebracht – willst du nicht einen Augenblick hereinkommen und ihn so lange an den Zaun binden?“ Sie lachte Bettina zu. „Ich glaube nicht, daß er davonläuft.“

Dann saß Bettina in Baumanns geräumiger Küche. „Ich wollte Ihnen sagen, daß ich wieder gesund bin und daß Hannes Massai nicht mehr zu versorgen braucht“, begann Bettina zögernd. „Ich wollte mich auch sehr bedanken, denn es war wirklich nett von ihm, daß er mir so geholfen hat!“

Frau Baumann sah Bettina aufmerksam an. Als sie sie nach Massai fragte, verlor Bettina ihre anfängliche Unsicherheit schnell. Sie erzählte lebhaft von der Arbeit mit ihm und fragte Anna Baumann nach einem guten Schmied.

„Herr Schuster beschlägt Jessica für uns“, sagte Anna Baumann. „Er hat viel Geduld und versteht sich gut auf ängstliche Pferde.“

Sie suchte die Telefonnummer des Schmieds heraus und gab sie Bettina.

Endlich verabschiedete sich Bettina und ging nach Hause. Massai zögerte zuerst, aber dann folgte er ihr willig, ohne sich zu widersetzen. Anna Baumann winkte den beiden nach. Bettina fühlte sich nach diesem Besuch wohl. Sie mochte Hannes' Mutter und war froh, daß sie von ihr so freundlich aufgenommen wurde. Sie beneidete Hannes um eine Mutter, die immer für ihn dazusein schien und die Pferde genauso liebte wie er.

Als die Eltern abends nach Hause kamen, waren sie erleichtert, daß es Bettina besser ging. Aber sie hatten beide wenig Verständnis für die Begeisterung ihrer Tochter über Massais Fortschritte. Sie lebten so sehr in ihrer eigenen Welt, daß sie es kaum bemerkten, daß Bettina sich gemeinsam mit dem Pferd entwickelte. Sie sahen nicht, daß das Mädchen in gleichem Maße wie das Pferd Schüchternheit und Hemmungen überwand und daß sie dadurch endlich den Mut fand, sie selbst zu sein und Kontakte zu knüpfen.

„Ich bin noch skeptisch", sagte ihr Vater. „Alles, was du sagst, klingt vielversprechend. Aber Massai ist ein gefährliches Pferd, vergiß das nicht."

Ein aufregender Morgen

Bettina schreckte aus dem Schlaf hoch. Im Traum hatte sie ein Pferd schrill wiehern hören und war davon aufgewacht. „Habe ich etwa verschlafen?" fragte sie sich und blickte schnell auf die Uhr. Halb sechs, nein, es war noch nicht Zeit zum Aufstehen. Außerdem war heute Sonntag. Sie kuschelte sich wieder unter ihre Decke und gähnte.

Draußen war es fast noch dunkel. Bettina ahnte den

Nebel mehr als sie ihn sah. Sie war dabei, wieder einzudösen, da zerriß ein neuerliches Wiehern die morgendliche Stille. Das war kein Traum! Entsetzt fuhr Bettina hoch. Sie war alarmiert. Etwas stimmte nicht, denn Massai wieherte sonst anders. Sie sprang aus dem Bett, schlüpfte in ihre Kleider und rannte durch den kühlen Morgennebel zur Koppel.

Wieder wieherte Massai. Die Laute kamen aus dem Stall.

„Meine Güte!" Bettina erschrak, als sie vor der offenen Türe stand.

Massai lag schweißbedeckt im Stroh und mühte sich verzweifelt aufzustehen.

„Massai, was ist denn nur los?" rief Bettina entsetzt. Sie dachte an eine Kolik, doch dann sah sie, warum er nicht aufstehen konnte: er war mit einem Hinterhuf unter die Futterkrippe gerutscht, sein Bein war fest verklemmt.

„Halt still, Massai, ich will dir doch nur helfen", sagte Bettina. Aber er zuckte bei der leisesten Berührung zusammen, wand sich in der Box hin und her und verkeilte den Huf noch fester unter der Krippe.

Bettina war den Tränen nahe.

„Massai, ich kann nichts tun, wenn du mit dem anderen Bein so herumzappelst!"

Verzweifelt versuchte sie das Brett zu lösen, aber sie kam nicht nahe genug heran, ohne in die Reichweite der ausschlagenden Hufe zu geraten. Sie mußte so schnell wie möglich Hilfe holen. Hannes war der einzige, dem sie zutraute, mit der Situation fertig zu werden. Ihr Vater würde nicht wissen, was zu tun war. Keuchend lief sie über die Wiese auf den Zaun zu. Ihre Unsicherheit war vergessen. Die Kirchturmuhr schlug gerade sechs, als sie an Baumanns Tür Sturm läutete. Nichts rührte sich. Bettina wurde bewußt, daß es Sonntag war. Was sollte sie tun, falls ihr niemand öffnete? Sie mußte Hannes unbedingt erreichen! So klingelte sie noch einmal.

Plötzlich öffnete sich ein Fenster über ihr, und Hannes sah verschlafen auf sie herunter. „Was ist denn los?" Er sah Bettina fragend an.

Sie war außer Atem und fuhr sich mit den Händen aufgeregt durch die Haare.

„Du mußt mir helfen, Hannes, bitte! Massai liegt im Stall und ist unter der Krippe festgeklemmt. Er tobt so sehr, daß ich ihn nicht allein herausbekommen kann!"

„Ich komme sofort!" rief Hannes.

Kurz darauf rannten sie los.

„Oje", sagte Hannes, als er Massai erblickte. „Er liegt dort sicher schon eine ganze Weile." Er sah Bettina kurz an. „Er muß ruhigbleiben, während ich das Brett löse. Er kann sich schwer verletzen, wenn er versucht aufzustehen. Kannst du dich auf seinen Hals setzen und seinen Kopf unten halten?"

Bettina schluckte nervös; langsam ging sie auf Massai zu. Er war naßgeschwitzt, seine Augen waren vor Entsetzen so weit aufgerissen, daß man das Weiße sah. Vorsichtig setzte Bettina sich auf seinen Hals. Massai schnaubte und kämpfte mit aller Macht gegen ihr Gewicht an.

„Jetzt drück mit beiden Händen seinen Kopf herunter!" rief Hannes. „Ja, so ist es gut. Sprich mit ihm, Bettina!

Nun brauch ich einen Hammer!"

„Er liegt gleich links in der Sattelkammer!"

Bettina hatte Mühe, Massais Kopf zu halten. Aber sie war kräftiger, als sie selbst gewußt hatte, und nach kurzer Zeit sträubte sich Massai nicht mehr so heftig. Schon hallten die ersten schweren Hammerschläge. Vorsichtig löste Hannes das Brett.

„Halt ihn gut fest, bis ich draußen bin!" Hannes schlüpfte hinter Massais Rücken ins Freie. „Jetzt kannst du ihn loslassen. Komm schnell heraus, falls er plötzlich aufspringt."

Massai schlug mit dem Kopf und versuchte aufzustehen. Ein Vorderbein rutschte auf dem Stroh weg, und er rollte wieder auf die Seite. Auf einmal sprang er mit einem Ruck in die Höhe und raste aus dem Stall.

Bettina sah Hannes erleichtert an. Aber als ihr Blick auf Massai fiel, stutzte sie.

„Sieh doch, Massai lahmt!"

Hannes nickte. „Stimmt. Hol das Halfter! Dann sehen wir nach, was ihm fehlt!"

Massai zitterte noch immer am ganzen Körper, aber er lief nicht vor ihnen davon. Er spürte, daß sie ihm nichts Böses tun wollten und seine Schmerzen nicht verursacht hatten. Bettina hielt Massai am Halfter, und Hannes ging einmal um ihn herum und musterte ihn prüfend. „Ich kann nur eine kleine Schramme an der Hüfte sehen", murmelte er. „Sein Bein scheint nicht verletzt zu sein, aber er könnte sich das Gelenk gezerrt haben. Gib Fuß, Massai!"

Bettina hielt den Atem an. Wie konnte er nur verlangen, daß Massai gerade jetzt Hufe gab!

Aber mit seiner gewohnten Sicherheit untersuchte Hannes bereits Massais Sprunggelenk. „Die Haut ist abgeschürft, aber ich glaube, sonst fehlt ihm nichts", sagte er und senkte Massais Bein. Vorsichtshalber hob er das unverletzte Hinterbein an, so daß Massai sein volles Gewicht mit dem anderen Bein tragen mußte. Er legte die Ohren an und wollte wegtreten, aber dann blieb er, als Bettina ihm beruhigend zuredete, doch stehen.

„Du hast dich müde gekämpft, nicht wahr, Massai", sagte Bettina und streichelte ihn.

„Mach dir keine Sorgen um ihn", sagte Hannes. „Wenn das Gelenk im Laufe des Tages anschwillt, mußt du den Tierarzt holen!"

Bettina atmete tief ein. „Ich bin so froh, daß du gekommen bist, Hannes! Du glaubst gar nicht, wie hilflos ich mich gefühlt habe, als ich ihn da liegen sah und nichts tun konnte. Ich wußte nicht, wen ich sonst hätte um Hilfe bitten können", sagte Bettina leise.

„Dein Großvater fehlt dir sehr, nicht wahr?" fragte Hannes vorsichtig.

Bettina nickte stumm. Sie wich seinem Blick aus.

„Woher weißt du das?" fragte sie ihn schließlich.

„Ich sehe es dir an", erwiderte Hannes.

Bettina blickte zu Boden. Tränen stiegen ihr in die Augen, nicht nur aus Schmerz um den Großvater, sondern auch, weil jemand ihre Gefühle verstand.

Hannes legte tröstend den Arm um sie. „Komm mit", sagte er. „Meine Mutter macht sicher gerade Frühstück!"

Hannes hatte recht. Als sie die Haustür öffneten, roch

es nach frischem Kaffee und gebratenem Speck.

„Guten Morgen!“ rief Frau Baumann. Die blonden Haare fielen ihr auf die Schultern, sie trug einen hellen Baumwollrock und einen blauen Pullover. „Ihr wart ja heute schon früh unterwegs!“ sagte sie lachend und hob mit ihren kräftigen braunen Händen die Pfanne vom Herd.

„Massai hatte sich im Stall festgeklemmt, und ich konnte ihn nicht allein herausbekommen“, erklärte Bettina. „Ich gehe nun besser, ich störe Sie sicher beim Frühstück“, fügte sie mit einem Blick auf den gedeckten Tisch hinzu. „Aber Bettina, du störst doch nicht! Michael hat schon einen Teller für dich geholt. Du bist sicher hungrig, nach all der Aufregung heute morgen.“

Anna Baumann lächelte und deutete auf einen Stuhl. „Setz dich und trink erst mal einen Kaffee!“

„Du bist also Bettina, begrüßte sie Hannes' Vater, als er ein wenig später in die Küche kam. Er war ein großer, bärtiger Mann in Cordhosen und einem karierten Hemd. Er wirkte ernst, aber seine grauen Augen blickten verständnisvoll, als er Bettina ansah. „Ich habe viel von dir und deinem Pferd gehört und freue mich, dich endlich kennenzulernen“, sagte er herzlich.

Alle versammelten sich um den Tisch und lachten und redeten fröhlich durcheinander. Bettina fühlte sich bald nicht mehr fremd.

„Du solltest die Futterkrippe höher anbringen, damit so etwas nicht noch einmal passiert“, sagte Hannes und nahm noch eine Scheibe Brot. „Es ist nicht schwierig, man muß nur die Bretter versetzen. Am besten machen wir es zusammen", schlug er vor.

„Das wäre toll, weil ich nicht gleichzeitig Nägel einschlagen und das Brett festhalten kann!" Bettina winkte mit ihrem blauen Daumennagel.

Hannes lachte. „Sag mir auch Bescheid, falls du Hilfe brauchst, wenn der Schmied kommt."

„Ich habe mit ihm einen Termin am Donnerstag vereinbart, um drei Uhr", sagte Bettina. „Hast du übrigens mit Massai Hufe geben geübt, als ich krank war?"

„Ja", erwiderte Hannes. „Jeden Tag. Es muß ihm so normal vorkommen wie Heufressen."

„Nun verstehe ich, warum er nichts vergessen hat!" rief Bettina. „Deine Beschäftigung mit ihm hat ihm gutgetan, er ist viel ruhiger geworden", sagte sie zufrieden.

Nach dem Frühstück spülten sie gemeinsam das Geschirr. Später verabschiedete sich Bettina und ging nach Hause. Sie hoffte, daß sich ihre Eltern keine Sorgen um sie gemacht hatten. Es tat ihr leid, daß sie nicht daran gedacht hatte, anzurufen und ihnen zu sagen, wo sie war. Aber die Garage stand offen, und niemand war zu Hause. Im Wohnzimmer fand sie einen Zettel.

Liebe Bettina! Papa muß heute morgen leider zu einem Frühschoppen mit Geschäftsfreunden, und ich begleite ihn. Wir wollten Dich nicht wecken, es wäre Dir dort bestimmt langweilig. Wir kommen im Laufe des Nachmittags zurück. Ich wünsche Dir einen schönen Sonntag!

Deine Mama

Bettina zerknüllte den Zettel und warf ihn in den Papierkorb. Es tat ihr weh, daß ihre Eltern so wenig Zeit für sie hatten. Sie hatte sich darauf gefreut, ihnen von ihren Erlebnissen zu erzählen, und sie fühlte sich wieder einmal allein gelassen. Die Eltern hatten noch nicht einmal bemerkt, daß ihre Tochter fort war, dachte Bettina bitter. Ein dicker Kloß saß ihr im Hals.

Der Schultag schien kein Ende zu nehmen. Die Stunden dehnten sich endlos. Bettina scharrte nervös mit den Füßen unter der Bank. Heute kam der Schmied!

Sie hoffte, daß Massai sich nicht allzu sehr aufregen würde. Sie dachte an Pferde im Reitstall, denen der Schmied Nasenbremsen aufgesetzt oder Beruhigungsmittel gespritzt hatte.

„Unser Schmied verwendet gar keine Nasenbremsen", hatte Hannes sie in der Pause beruhigt. „Du regst dich mehr auf als Massai. Denk daran, daß alles gutgehen wird. Massai spürt, ob du es ihm zutraust oder nicht."

Der Gong ertönte und riß Bettina aus ihren Gedanken. Noch eine Stunde Mathematik, dann konnte sie nach Hause.

„Na, Kerlchen", brummte der Schmied, „dann wollen wir mal anfangen!"

Hannes hielt den Huf. Bettina stand neben Massais Kopf und redete ihm beruhigend zu. Vorsichtig begann Herr Schuster zu raspeln. Massai legte die Ohren zurück und schnaubte mißtrauisch. Er rollte die Augen und hob den Kopf ein wenig in die Höhe. Bettina kraulte ihn und zog sanft an der Kette, ein Zeichen für Massai, den Kopf zu senken. Und tatsächlich holte er tief Luft und gab im Genick nach.

„Siehst du, Massai, es ist gar nicht so schwer“, lobte ihn Bettina.

„Laß ihn treten, Hannes“, sagte der Schmied. Er setzte den Huf langsam zu Boden. Dann hob er ihn nach vorne auf den Bock. Herr Schuster feilte die Ecken rund und erklärte dann: „So, der erste Huf ist fertig.“

Bettina war erleichtert. Alles schien gutzugehen. Massai zappelte ein wenig, als die Hinterhufe an die Reihe kamen, aber eigentlich blieb er ruhig. „Gleich haben wir es geschafft“, sagte Bettina zuversichtlich.

In diesem Augenblick stieg Massai plötzlich und unerwartet kerzengerade in die Höhe. Der Schmied sprang erschrocken zur Seite, und Hannes ließ Massais Fuß los. Bettina versuchte den Strick festzuhalten. Aber als Massai, um sein Gleichgewicht ringend, mit den Vorderbeinen fuchtelte, glitt ihr das Seil durch die Hände. Massai ging, auf den Hinterbeinen stehend, rückwärts. Er begann zu taumeln und überschlug sich. Mit einem dumpfen Knall kam der schwere Pferdekörper zu Boden. Bettina schloß die Augen.

Massai zitterte am ganzen Leib. Mühsam stand er auf. Er atmete heftig und folgte schwankend Hannes, der ihn an den Zaun führte.

„Wo habt ihr dieses Pferd denn gekauft?“ fragte der Schmied kopfschüttelnd.

„Mein Großvater hat ihn von einem Freund übernommen, aber er hat mir nie erzählt, wo er ursprünglich herkommt“, erwiderte Bettina.

„Ich glaube, ich weiß es“, sagte der Schmied. „Auf dem Moorhof stand einmal ein Araber, den niemand beschlagen wollte. Damals ließ er sich allerdings gar nicht einfangen. Er überschlug sich so oft, daß ihn vier Männer am Boden festhielten und ihn der dortige Schmied im Liegen ausschnitt. Weil er anfangs so ruhig war, habe ich ihn nicht sofort erkannt.“ Er strich sich die Haare glatt und sah Bettina und Hannes bewundernd an. „Meine Güte, da habt ihr beiden aber gute Arbeit geleistet!“

„War er denn wirklich so wild?“

„Das kann man wohl sagen! Die Leute dort nannten ihn *Panik*. Alle waren der Überzeugung, daß er nie normal wird, und so wollte ihn schließlich niemand mehr haben.“

„Ich glaube, Großvater hat einmal erwähnt, daß er ihn umgetauft hat. Aber wie er früher hieß, hat er mir nicht verraten“, sagte Bettina nachdenklich.

„Sollen wir es noch einmal versuchen?“

„Ja“, meinte Bettina. „Ich glaube, er hat sich wieder beruhigt!“

Nach zehn Minuten klopfte sich der Schmied die Späne von der Schürze. „Wenn ich nächstes Mal zum Moorhof komme, werde ich dort erzählen, daß dein Großvater ein Kunststück vollbracht hat. Von ihm hast du gelernt, nicht wahr?“

Bettina nickte, sie errötete vor Stolz.

Massai fraß zufrieden die Äpfel, die Bettina ihm in die Krippe gelegt hatte.

Hannes lehnte am Zaun. Er sah Massai aufmerksam an. „Er ist wirklich eine Schönheit“, sagte er. „Wann willst du eigentlich mit dem Reiten beginnen?“ fragte er dann unvermittelt.

„Ich war so sehr mit seinen Hufen beschäftigt, daß ich darüber noch nicht nachgedacht habe“, erwiderte Bettina. „Meinst du nicht, daß es noch zu früh ist?“

Hannes schüttelte den Kopf. „Kannst du longieren?“ fragte er.

„Ich habe Massai früher mit Großvater zusammen longiert. Es ging gut, nur bin ich inzwischen wohl aus der Übung gekommen“, antwortete Bettina.

„Du solltest versuchen, ihn zu satteln und ein paar Tage zu longieren. Ich glaube, sein Hauptproblem ist die Angst. Wenn er einmal Vertrauen gefaßt hat, lernt er sicher schnell.“

Es wurde dunkel, und Hannes begleitete Bettina bis vor die Haustür. Drinnen brannte Licht, und sie hörten den Fernseher laufen.

„Hannes, ich freue mich so, daß du mir hilfst. Ich weiß manchmal nicht recht, wie ich mich ausdrücken soll...“ Bettina stockte.

„Ist schon gut“, sagte Hannes. „Es macht mir Spaß, dir zu helfen, weil ich gern mit dir zusammen bin. Ich mag dich nämlich sehr!“ Er drückte schnell ihre Hand und sagte: „Bis morgen!“ Und schon war er im Dunkeln verschwunden.

„Hallo, Schatz“, rief die Mutter. „Bitte bring Vater schnell ein Bier, ich habe gerade alle Hände voll zu tun!“

Bettina nahm das Glas und ging ins Wohnzimmer. „Papa, Massais Hufe sind ausgeschnitten!“ begann sie strahlend zu erzählen. „Der Schmied war sehr nett, er sagte, er habe Massai früher...“

„Bettina“, unterbrach sie der Vater, „bitte erzähl es mir

später. Jetzt kommt gerade das Ende der Sportschau, Liebes!"

Bettina ging niedergeschlagen in die Küche. Ihre spontane Freude war durch das Desinteresse des Vaters verflogen. Sie erwähnte Massai ihrer Mutter gegenüber gar nicht. Sie deckte still den Tisch, und das Essen nahm seinen gewohnten Gang.

Im Fernsehen kam ein Krimi; die Mutter erkundigte sich beiläufig nach der Schule. Es war ein ganz normaler Abend der Familie Vömel. Später räumte Bettina mit ihrer Mutter die Küche auf. „Bist du traurig?" fragte die Mutter, der Bettinas Schweigsamkeit aufgefallen war.

„Papa interessiert sich nur für seine Sportschau", sagte Bettina gekränkt. „Ich wollte ihm von Massai erzählen, aber das Fernsehen ist ihm wichtiger. Er hat gar nicht zugehört!"

„Er ist im Moment wirklich überarbeitet, da darfst du ihm das nicht übelnehmen", sagte die Mutter beschwichtigend.

„Das ist eine Ausrede, Mama. Es ist doch jeden Abend das gleiche. Wir sehen fern, essen und reden nichts als ein paar belanglose Sätze miteinander. Ständig seid ihr zu müde oder zu beschäftigt, um ernsthaft zu fragen, wie es mir geht. Es tut mir weh, daß wir so aneinander vorbeileben. Großvater war der einzige Mensch in unserer Familie, der sich je Zeit für mich genommen hat..." Bettina stockte. Mit zitternden Händen hängte sie das Geschirrtuch weg und lief in ihr Zimmer.

Bettina beginnt zu reiten

„Schau ihn dir in aller Ruhe an!“ Bettina hielt Massai den Sattel hin. Er schnoberte neugierig über die glatte Lederfläche und nahm behutsam ein Stück Brot, das sie daraufgelegt hatte. Sie strich ihm mit sicheren Bewegungen über den Rücken. Vorsichtig hob sie den Sattel in die Höhe. Massai beobachtete sie aus den Augenwinkeln. Ein Schauer überlief ihn, sobald der Sattel sein Fell berührte.

Sein Rücken hatte ihm früher oft weh getan, weil der Sattel unsanft aufgelegt worden war. Diese Erinnerung ließ ihn alle Rückenmuskeln verkrampfen. Aber der erwartete schmerzhafte Aufprall des harten Leders blieb aus.

Bettina senkte den Sattel fast unmerklich. Sie sah, wie angespannt Massai trotzdem war.

„Das einzige, was dir nun weh tut, sind deine verspannten Muskeln“, sagte sie. „Laß ein bißchen locker, Massai!“

Sie fuhr mit den Händen unter den Sattel und begann Massai zu massieren. Sie hatte Großvater manchmal dabei zugesehen. „In England zum Beispiel ist es nicht ungewöhnlich, daß gute Pferdepfleger die Reflexzonen kennen und ihre Pferde massieren“, hatte er ihr einmal erklärt. „Leider wissen hierzulande nur wenige Leute darüber Bescheid. Aber mach dir nichts daraus. Du wirst sehen, daß es Massai guttut.“

Nach einer Weile nahm Bettina den Sattel ab und führte Massai um die Koppel. Anfangs bewegte er sich steif, aber dann entspannte er allmählich den Rücken, und sein Gang wurde schwungvoller und lockerer.

Wieder legte Bettina den Sattel auf. Massai schien sich unter dem Gewicht zu ducken. Er verkrampfte sich so sehr, daß es aussah, als habe er einen Senkrücken.

Bettina betrachtete seine Haltung. „Wenn er den Hals nicht nach hinten biegt, kann er auch den Rücken nicht wegdrücken", murmelte sie nachdenklich. Sachte begann sie an der Kette zu ziehen. Sie rieb mit kreisförmigen Bewegungen Massais Genick hinter den Ohren, und ganz, ganz langsam senkte der Hengst den Kopf. Gleichzeitig hob sich sein Rücken, bis er beinahe waagerecht war. Nun zog Bettina den Gurt gerade so weit an, daß der Sattel nicht verrutschen konnte.

„Komm, Massai, laß uns ein paar Schritte gehen", rief sie aufmunternd und zupfte an der Führkette. Massai zögerte. Der Sattel auf seinem Rücken rief viele schmerzhafte Erinnerungen in ihm wach. Ängstlich wartete er auf alles, was sich für ihn bisher mit dem Sattel verbunden hatte: Peitschenhiebe, Männer, die ihn mit rauher Stimme anschrien, Sporen, die sich in seine Rippen bohrten, und das schmerzhafte Rucken eines scharfen Gebisses in seinem Maul. Nervös tänzelte er neben Bettina her.

„Nur ruhig, meine Junge. Es gibt keinen Grund zur Aufregung, niemand tut dir hier etwas", beruhigte ihn Bettina. „Die Erinnerungen an alles, was dir früher weh getan hat, sitzen dir im Rücken, nicht? Du mußt nur ein bißchen lockerlassen, dann kannst du spüren, daß dir der

Sattel allein keine Schmerzen zufügt."

Massais Schritte wurden länger, und sein Rücken streckte sich. Nach einer halben Stunde war er viel ruhiger, und Bettina war zufrieden.

Am nächsten Tag lief sie gleich nach der Schule zur Koppel. Schon von weitem sah sie einen schwarzen Fleck auf Massais Rücken. Sie kniff die Augen zusammen und fragte sich, was das wohl sein mochte. Im Näherkommen erkannte sie, daß es Bimbo war, der ausgestreckt auf Massais Kruppe lag und sich sonnte. Massai graste friedlich, ihm schien sein kleiner Reiter ganz angenehm zu sein.

„Ihr beiden versteht euch anscheinend immer besser", sagte Bettina lachend.

Bimbo stand auf und reckte sich schnurrend ihrer Hand entgegen. Er gähnte, machte einen Katzenbuckel und rannte plötzlich auf Massais Hals. Er hielt sich mit den Pfoten links und rechts in der Mähne fest und biß den Hengst sanft ins Genick. Er wollte spielen. Massai schnaubte, trabte ein paar Schritte und schüttelte sich, so daß der Kater den Halt verlor und abspringen mußte.

Bimbo hüpfte neben Massai her, rollte sich vor seinem Kopf auf den Rücken und tatzte nach seiner Nase. Massai schien das Spiel Spaß zu machen. Er schubste Bimbo sanft vor sich her und jagte ihn über die Weide, bis der Kater schließlich unter dem Zaun hindurch im hohen Gras verschwand.

„So etwas habe ich noch nie gesehen!" lachte Bettina und klatschte in die Hände. „Ihr seid ja bald reif für den Zirkus!"

Sie pfiff vergnügt vor sich hin, als sie später Massai striegelte, daß der Staub nur so flog. Nachdem sie den Hengst behutsam gesattelt hatte, band sie ihn los und ließ ihn laufen. Das war ihr gestern abend vor dem Zubettgehen eingefallen. Massai sollte sich mit Sattel so frei bewegen können, als sei er auf der Weide.

Der Hengst sah sie erstaunt an. Was soll das denn? schien er zu fragen.

„Geh ruhig", ermunterte ihn Bettina. „Tu, was du willst, nur wälzen darfst du dich nicht!"

Massai ließ sich das nicht zweimal sagen. Er trabte zu seinem Lieblingsplatz, und als Bettina ihm nicht folgte, begann er ruhig zu fressen. Plötzlich hob er den Kopf und blickte die Straße hinauf. Bettina sah Hannes um die Ecke biegen.

Sie bekam heftiges Herzklopfen. Ihre Verlegenheit versuchte sie dadurch zu verbergen, daß sie in fieberhafter Eile das Putzzeug sortierte.

„Der Sattel steht ihm gut!" rief Hannes zur Begrüßung und kletterte über den Zaun. „Hattest du große Schwierigkeiten mit ihm?"

„Nein gar nicht", antwortete Bettina. „Er verspannte sich zuerst sehr vor Angst, aber er hat sich dann schneller beruhigt, als ich dachte."

Hannes deutete auf den Sandplatz. „Wozu brauchst du denn die Stangen?" wollte er wissen.

„Ich lege labyrinthartige Gänge auf dem Boden aus und führe Massai langsam hindurch. Großvater hat mir das gezeigt. Diese Übung erhöht den Gleichgewichtssinn, und das Pferd lernt vorsichtiger zu treten", erklärte

Bettina. „Massais Schritte mit dem Sattel waren sehr steif und hastig, und er war so aufgeregt, daß er kaum wußte, wo er hintrat. Durch das Labyrinth kann er nur gelangen, wenn er langsam geht. So übe ich mit ihm, sich in ungewohnten Situationen Zeit zu lassen und nicht blindlings davonzurennen. Er soll lernen, sich anzuschauen, was ihm Angst macht, anstatt nur den Kopf hochzuwerfen und mit den Augen zu rollen."

„Das klingt prima", meinte Hannes. „Vielleicht sollte ich das mal mit Jessica üben. Sie macht um jede Pfütze einen großen Bogen, und ich kann sie nicht dazu bringen, sich das Hindernis aus der Nähe wenigstens anzusehen."

„Großvater hat mir erzählt, daß er Pferde an Wasser gewöhnte, indem er sie zuerst über Plastikplanen führte und dann Wasser auf die Plane goß."

Hannes nickte. „Es ist sicher einen Versuch wert", sagte er. „Ich erinnere mich, daß er mir auch einmal davon erzählt hat."

„Kanntest du ihn denn?" fragte Bettina erstaunt.

„Ja, er hat mir geholfen, Jessica einzureiten. Ohne deinen Großvater hätte ich das nie geschafft. Ich war damals erst zwölf Jahre alt. Wußtest du das nicht?"

„Nein", sagte Bettina, „wir wohnten damals ja noch in der Stadt."

„Ich mochte deinen Großvater sehr", sagte Hannes leise. „Mein eigener Großvater starb kurz vor meiner Geburt, ich habe ihn nicht gekannt."

Bettina schwieg betroffen. Dann sagte sie leise: „Das tut mir leid. Ich bin zum ersten Mal nicht nur traurig, daß Großvater gestorben ist, sondern auch dankbar dafür, daß er gelebt hat und daß wir uns so gut verstanden haben."

„Dein Großvater hatte viel Geduld und Verständnis, er war wirklich ein besonderer Mensch." Hannes blickte Bettina lange an. Sie erwiderte seinen Blick und sah dann zu Massai hinüber.

„Bist du schon einmal aufgestiegen?" fragte Hannes endlich, um das Schweigen zu brechen.

„Nein, ich wollte es neulich versuchen, aber er war so unruhig, daß ich mich nicht getraut habe."

„Ich könnte ihn halten", schlug Hannes vor.

„Jetzt gleich, meinst du?"

„Warum nicht?"

Bettina holte Massai in die Mitte des Platzes.

Hannes nahm das Führseil und kraulte Massais Stirn. „Hast du nachgegurtet?"

Bettina preßte die Handfläche gegen die Gurtenlage. Die Berührung ihrer Hand war dem Hengst angenehmer als der Zug des Gurtes. So konnte er sich leichter entspannen. Er fühlte, daß seine Muskeln gehalten wurden, daß er sie nicht selbst anzuspannen brauchte. Als Bettina den Druck allmählich verringerte, wurde Massai lockerer. Schließlich zurrte sie den Gurt vorsichtig fest. Sie paßte die Steigbügel an und klopfte Massai sanft den Hals. „Ich bin schon lange nicht mehr geritten", sagte sie unsicher.

„Wenn du möchtest, kann ich zuerst aufsteigen und du hältst ihn", schlug Hannes vor.

„Nein, ich möchte es gern selbst tun", entschloß sich Bettina.

Massai begann zu zittern, sobald sie den Fuß in den Bügel setzte, er versuchte von ihr wegzutreten. Hannes führte das nervöse Pferd einige Runden um den Platz, und dann probierte Bettina es noch einmal. Massai war unruhig. Als alle weiteren Versuche ähnlich verliefen, sagte Bettina schließlich: „Was meinst du, Hannes, soll ich einfach kurz aufsteigen, oder sollen wir für heute aufhören und warten, bis er keine Angst mehr hat?“

„Das mußt du entscheiden“, erwiderte Hannes. „Du kennst Massai besser als ich!“

Bettina lächelte. Sie griff mit einer Hand in die Mähne des Hengstes, mit der anderen an die gegenüberliegende Pausche. Sie wippte, um Schwung zu holen, und schon stand sie, dicht über den Hals gebeugt, im Bügel.

Sie holte tief Luft. Vorsichtig hob sie ihr Bein über den Rand des Sattels, ohne Massais Kruppe zu berühren. Dann ließ sie sich sanft in den Sattel gleiten.

Sie hatte es geschafft! Ihr war schwindlig vor Glück, und sie konnte es kaum fassen, daß sie tatsächlich auf Massai saß.

Hannes sah sie an. Bettina strahlte über das ganze Gesicht.

Massai schien der einzige zu sein, der sich nicht wohl fühlte. In ihrer Begeisterung hatte Bettina für einen Augenblick nicht auf ihn geachtet. Plötzlich aber spürte sie das Zittern des Pferdes unter sich. Als sie sich vorbeugte, um seinen Hals zu streicheln, zuckte Massai zusammen und sank mit einer Art Seufzer in die Knie.

Ehe sie begriff, was geschah, stand Bettina über ihrem Pferd. Sie war vor Erstaunen sprachlos.

6 9062-8

„Wenn er lernt, das auf Kommando zu tun, kannst du bald Eintritt dafür nehmen", lachte Hannes.

Massais Augen flackerten unruhig. Aber die erwarteten Schläge und Stiefeltritte blieben aus. Statt dessen schob Hannes ihm ein Stück Brot ins Maul, und Bettina strich ihm liebevoll über die Mähne. Allmählich erholte er sich von seinem Schreck und begann verwundert zu kauen.

Als er wieder auf den Beinen war, sagte Bettina: „Ich versuche es gleich noch einmal und bleibe so kurz sitzen, daß er keine Zeit hat, sich hinzulegen."

Hannes bewunderte Bettinas Ausdauer. Die Zuneigung zu Massai verlieh ihr ein ungewöhnliches Durchhaltevermögen. Schon setzte sie den Fuß in den Bügel und stieg gewandt auf. Sie verharrte nur eine Sekunde im Sattel, dann glitt sie geschmeidig zu Boden. „Siehst du, das war doch gar nicht so schlimm", wandte sie sich an Massai. „Mit der Zeit wirst du dich bestimmt daran gewöhnen!"

Als sie Massai abgesattelt hatten, meinte Bettina: „Es macht viel mehr Spaß, zu zweit mit ihm zu arbeiten."

„Das stimmt. Vielleicht kannst du mir auch einmal bei den Übungen mit Jessica helfen. Hast du schon einmal daran gedacht, die Pferde gemeinsam zu halten?" fragte er zögernd. „Dann wären beide nicht mehr so allein, und außerdem möchte mein Vater unseren Stall zu einer Werkstatt umbauen."

„Ich fände es herrlich!" sagte Bettina. „Aber ich weiß nicht, ob meine Eltern damit einverstanden sein werden."

Hannes atmete auf. Er hatte befürchtet, daß Bettina gleich ablehnen würde.

„Ich will versuchen, die Eltern beim Abendessen darauf anzusprechen", sagte Bettina hoffnungsvoll.

„Heute bin ich das erste Mal aufgestiegen", erzählte Bettina am Abend stolz.

„Wie hat Massai denn darauf reagiert?" wollte ihre Mutter wissen.

„Zuerst bekam er solche Angst, daß er sich hinlegte", antwortete Bettina.

„Das ist doch aber nicht normal", sagte der Vater mit gerunzelter Stirn.

„Er ist von seinen früheren Besitzern schlecht behandelt worden. Nur deshalb ist er so ängstlich, Papa. Als ich es zum zweitenmal versucht habe, ist er ganz brav stehen geblieben. Er hat in der letzten Zeit viel gelernt", verteidigte Bettina Massai. „Ich wollte euch etwas fragen", fuhr sie schnell fort. „Könnten wir nicht das Pferd von Baumanns mit Massai zusammenstellen? So hätte er Gesellschaft, und Hannes und ich könnten uns die Arbeit teilen." Erwartungsvoll sah sie die Eltern an.

„Bettina, es ist noch nicht entschieden, ob du Massai überhaupt behältst. Bitte vergiß nicht, daß wir uns auf eine Probezeit geeinigt hatten. Wenn Massai sich dann normal verhält, können wir deinen Vorschlag weiter besprechen, aber vorher kann ich weder ja noch nein sagen. Bitte versteh das!" sagte der Vater ernst.

Bettina kämpfte mit den Tränen, obwohl sie auf diese Antwort gefaßt gewesen war. Der Gedanke, daß Massai verkauft werden könnte, war ihr unerträglich. Es mußte doch einen Weg geben, um das zu verhindern...

„Solange die Probezeit nicht vorüber ist, kannst du Jessica nicht zu Massai stellen!“ Bettina saß mit angezogenen Beinen in Hannes' großem Sessel. Seine getigerte Katze lag in ihrem Schoß. Draußen fiel warmer Mairegen. „Ich weiß nicht, was ich tun kann, um meinen Eltern klarzumachen, wieviel mir Massai bedeutet. Für sie ist er nur ein gefährliches Pferd, das mich verletzen könnte. Sie verstehen nicht, wie gern ich ihn habe. Ich könnte mir mein Leben gar nicht mehr ohne ihn vorstellen. Er ist doch kein Gegenstand, den man einfach verkaufen kann“, sagte Bettina bedrückt. „Besonders jetzt, da er schon so zutraulich geworden ist!“

Hannes kaute nachdenklich an einem Bleistift. „Vielleicht würden sie ihre Meinung ändern, wenn du ihn ihnen vorreiten könntet“, schlug er vor.

„Aber es dauert noch eine Weile, bis er soweit ist“, erwiderte Bettina zögernd.

„Ich könnte Jessica für einen Nachmittag mitbringen. Massai ist bestimmt ruhiger, wenn sie dabei ist“, sagte Hannes jetzt.

Bettinas bekümmertes Gesicht hellte sich auf. „Du hast immer so gute Einfälle!“ Sie lächelte und nahm seine Hand. „Komm!“ Sie deutete nach draußen. „Es hat aufgehört zu regnen.“

Massai begrüßte seine Freunde mit lautem Wiehern. Er trabte am Zaun auf und ab. Die Schimmelstute spitzte die

Ohren und schnaubte freudig. Sie tollten eine Weile gemeinsam über die Wiese. Massai zwickte Jessica übermütig und stieg spielerisch in die Höhe. Die Stute wieherte hell, und schon stürmten sie Kopf an Kopf davon.

„Letzte Woche bin ich jeden Tag ein paarmal aufgestiegen", sagte Bettina. „Er zitterte dabei zwar noch immer, aber er hat sich nicht mehr hingelegt."

„Ich glaube, es ist an der Zeit, ein paar Schritte mit ihm zu gehen. Es kann ja nichts passieren, wenn ich dich führe", sagte Hannes zuversichtlich.

Nachdem sich die Pferde beruhigt hatten, zäumte und sattelte Bettina Massai. Hannes hielt die Führkette, als sie aufstieg. Massai stand still und sah sich nach Jessica um. Ihre Gegenwart beruhigte ihn. So war er nicht allein auf seinen Reiter und auf all seine früheren Erfahrungen konzentriert. Dennoch zitterte er, als Hannes an der Kette zog und ihn zum Mitkommen aufforderte. Seine ersten Schritte waren sehr steif.

„Er ist so verkrampft, daß es ihm schwerfällt, das Gleichgewicht zu halten", stellte Hannes kopfschüttelnd fest.

Jessica lief langsam hinter Massai her; und er wandte sich ab und zu nach ihr um. Bettina klopfte seinen Hals. Zuerst zuckte er in Erwartung eines Schlages zusammen, aber dann begann er zu verstehen, daß sie ihn nur streicheln wollte. Doch als sie mit einer Hand hinter den Sattel griff und seine Kruppe berührte, machte er einen riesigen Satz nach vorne. Nur mit größter Anstrengung gelang es Hannes, Massai nach einigen Metern zum

Stehen zu bringen.

Bettina war blaß. Sie hatte sich geistesgegenwärtig in der Mähne festgehalten und so einen Sturz verhindert.

„Bist du in Ordnung?“ fragte Hannes besorgt.

Sie nickte. „Ja, ich bin nur erschrocken. Auf einen solchen Sprung war ich nicht vorbereitet. Armer Massai“, sagte sie und streichelte ihn, „sicher hat dich früher jemand mit der Peitsche geschlagen.“

Sie gingen langsam weiter. Bettina saß leicht im Sattel, sie bemühte sich, Massais empfindlichen Rücken so wenig wie möglich zu belasten. Allmählich ließ seine Spannung nach, und er begann schwungvoller und lockerer zu gehen.

„Das reicht für heute!“ Bettina sprang zu Boden.

Hannes nahm sie in den Arm. „Du kannst wirklich stolz sein“, sagte er. „Das war ein toller Anfang!“

Bettinas Augen leuchteten. Sie war glücklich. „Danke, daß du mir hilfst und Jessica mitgebracht hast. Wir sollten uns öfter gegenseitig mit den Pferden besuchen!“

„Klar!“ Hannes nickte. „Dagegen wird dein Vater wohl nichts einzuwenden haben.“

„Ich erzähle es ihm gar nicht“, lachte Bettina ausgelassen. „Er braucht schließlich nicht alles zu wissen, oder?“

Sie stand mit Massai am Zaun und sah Hannes nach, der Jessica ungesattelt die Straße hinaufritt. Bettina lehnte sich sanft an Massai. „Ohne dich hätte ich Hannes bestimmt nicht so schnell kennengelernt“, sagte sie leise und streichelte das Pferd.

Massais Fortschritte gaben ihr immer mehr Selbstvertrauen. Ohne es zu bemerken, war sie in den letzten

Wochen viel lebhafter und aufgeschlossener geworden. Ihre Schüchternheit verlor sich mehr und mehr. Die Arbeit mit Massai ließ sie ihre Kraft spüren und selbstsicherer werden.

Bettina überlegte sich einen Arbeitsplan für Massai. Das begann jeden Tag mit Longieren. Ohne Reiter hatte sich Massai inzwischen auch im Trab und Galopp gut an den Sattel gewöhnt; seine Bewegungen waren frei und flüssig.

Was für ein wunderbares Pferd, dachte Bettina glücklich, als sie ihn im Galopp um sich im Kreis laufen ließ. Seine Bewegungen waren kräftig und dennoch so anmutig und leicht wie die eines Tänzers. Sie sattelte ihn und ritt langsam auf den Platz. Die Phase, in der Massai unsicher war und steif ging, wurde von Tag zu Tag kürzer.

Bettina ritt viel am langen Zügel. Sie wollte, daß sich der Hengst streckte und nicht mit hochgeworfenem Kopf und trippelnden Schritten ging. Massai machte neue Erfahrungen, und ganz allmählich verblaßte die Erinnerung an all die Mißhandlungen und Demütigungen, die er früher hatte hinnehmen müssen.

Bettina verstärkte den Schenkeldruck. „Komm, Massai, laß uns ein Stück traben!“ Gehorsam änderte er die Gangart. Nach einer zögernden Runde begann er plötzlich auszugreifen. Seine Schritte wurden lang und federnd, er schnaubte zufrieden und schien zum erstenmal selbst Freude am Reiten zu empfinden.

Bettina fühlte sich, als schwebte sie! Massais Gänge waren weich und geschmeidig. Sie bewegte sich im gleichen Takt mit Massai, und die Welt schien vorbeizufliegen. Nach einer Weile begann sie vorsichtig die Zügel aufzunehmen. Massai schüttelte ungebärdig den Kopf. Er wollte laufen! Aber dann verlangsamte er gehorsam das Tempo und fiel in Schritt.

„Das hast du gut gemacht!“ lobte ihn Bettina. „Du bist das beste Pferd der Welt! Ich wollte, Großvater könnte dich so sehen. Er hätte seine Freude an dir!“

Bettinas Wangen glühten vor Eifer. Wenn Massai sich weiterhin so gut entwickelte, würde sie bald den ersten Ausritt wagen können. Es schien lange her zu sein, daß Hannes sie behutsam um den Platz geführt hatte. Sie gab Massai die Zügel und ließ ihn ein paar Runden kreuz und quer laufen, wohin er wollte.

Zur gleichen Zeit ritt Hannes von zu Hause los. Er hatte Mühe, Jessica im Schritt zu halten. Sie kannte den Weg zu Massais Stall inzwischen und hatte es eilig. „Jessica, du weißt doch, daß wir auf dem Asphalt nur Schritt gehen“, sagte Hannes und zügelte sie sanft.

Als sie um die Ecke bogen, sah er Bettina und Massai. Er hielt Jessica an. Bettina ritt Massai im Trab. Ihr Gesicht war ruhig und konzentriert, ihre Haare wehten im Wind, und Massai flog mit der Leichtigkeit einer Schwalbe dahin. Es war ein schöner Anblick. Pferd und Reiterin paßten wundervoll zueinander.

Massai hatte Jessica bemerkt und wieherte laut. Bettina lenkte ihn an den Zaun.

„Hallo, Hannes! Hast du gesehen, wie schön er trabt?“ fragte sie.

„Ja, ich schaue dir schon eine ganze Weile zu, aber du

hast mich nicht gesehen." Er lächelte. „Du bist eine gute Reiterin."

„Ich würde so gern einmal mit dir ausreiten", sagte Bettina. „Es wird auf die Dauer langweilig, immer nur auf dem Platz zu üben."

„Komm doch mit!" lud Hannes sie ein. „Wir brauchen nicht weit zu gehen, nur eine halbe Stunde im Schritt. So kann sich Massai an eine neue Umgebung gewöhnen!"

Bettina strahlte. Das hatte sie sich schon lange gewünscht. Sie öffnete das Gatter und führte Massai hinaus. Er stand ruhig neben Jessica, als sie aufstieg.

Hannes wählte einen abgelegenen Feldweg für ihren ersten Ausritt. Massai ging mit aufmerksam gespitzten Ohren neben Jessica her. Er sah sich alles neugierig an. So lange war er schon nicht mehr aus seiner Koppel herausgekommen...

Ein frischer Frühlingswind spielte in den Mähnen der Pferde. Kinderstimmen drangen von der Scheune des Nachbarn herüber. Der Kies knirschte unter den Hufen, ab und zu knarrte ein Sattel.

„Ich bin froh, daß du mitgekommen bist", sagte Hannes. „Ich habe früher oft jemanden vermißt, mit dem ich reiten konnte."

„Das kann ich gut verstehen", erwiderte Bettina. „Nach Großvaters Tod habe ich mich sehr einsam gefühlt. Mir fehlte jemand, der mir half, mit Massai zu arbeiten, ein Freund, mit dem ich reden konnte und der Massai genauso gern hatte wie ich. Eine Zeitlang hab ich bezweifelt, ob ich jemals wieder einen Menschen finden würde, der mich versteht. Ich freue mich so, daß ich dich getroffen habe."

„Mir geht's genauso!" Hannes lächelte.

Sie ritten eine Weile still nebeneinander her, und der kleine Ausritt ging gut zu Ende. Massai wieherte sehnsüchtig Jessica nach, als sie sich am Tor trennten.

„Bald ist die Probezeit vorüber", tröstete ihn Bettina. „Und dann bist du nicht mehr allein!"

„Ich gratuliere dir", sagte der Vater, als Bettina ihm von ihrem Ausflug erzählte. „Das ist wirklich ein großer Fortschritt."

Auch die Mutter freute sich. „Solange Massai dich nicht in Gefahr bringt, haben wir gar nichts dagegen, daß du ihn behältst", sagte sie herzlich.

Bettina jubelte innerlich. Sie blühte unter der Anteilnahme und Anerkennung ihrer Eltern auf und erzählte ihnen von Hannes und Jessica und von ihren Erlebnissen mit Bimbo. Bettina spürte, daß sie zum erstenmal seit langer Zeit wieder Kontakt mit ihren Eltern hatte. Es wurde ein harmonischer Abend. Es sah so aus, als sei die Probezeit bald überstanden.

Der Unfall

Bettina wählte Baumanns Nummer. Aber auch nachdem sie das Telefon lange hatte läuten lassen, meldete sich niemand. Sie legte den Hörer enttäuscht auf. Es war schönes Wetter, und sie wäre gern mit Hannes geritten.

Nachdem Bettina eine halbe Stunde mit Massai auf

dem Platz geübt hatte, lockte der Ausritt mehr denn je. Massai hatte seine anfängliche Steifheit schnell verloren, er war ruhig und zitterte nicht. „Was hältst du davon, es heute einmal allein zu probieren?“ fragte sie und fuhr ihm durch die Mähne. Sie entschloß sich, den Versuch zu wagen. Es konnte doch nicht so schwer sein... Sie öffnete das Gatter und führte Massai bis zum nächsten Feldweg. Dort stieg sie auf und lenkte ihn einen schmalen Weg zum Wald hinunter.

Massai war eifrig, aber nicht nervös; er reagierte sofort auf jede ihrer Hilfen. Bettina war glücklich. Vor ein paar Monaten hatte sich Massai kaum anfassen lassen – nun ritten sie allein aus. „Du hast wirklich schnell gelernt!“ lobte sie ihn stolz.

Sie kamen durch ein Wäldchen. Danach stieg der Weg einen Hügel hinauf steil an. Bettina stellte sich in die Bügel und lehnte sich nach vorn. Auf halber Höhe blieb Massai ruckartig stehen. Vor ihm auf dem Weg lag eine Plastiktüte. Er sah sie mißtrauisch an und schnaubte. „Du brauchst keine Angst zu haben, das ist nur eine alte Tüte“, beruhigte ihn Bettina und verstärkte den Schenkeldruck.

Aber Massai rührte sich nicht von der Stelle. Er starrte angstvoll auf das bunte Plastikding und wollte nicht daran vorbeigehen.

Bettina redete ihm gut zu, sie trieb stetig, klopfte ihm begütigend den Hals. Es half alles nichts. Warum mußte sie auch ein Pferd haben, das sich vor einer solchen Kleinigkeit fürchtete? Sie verlor allmählich die Geduld. Auf erneutes Treiben hin schnaubte Massai nervös, warf den Kopf hoch und begann rückwärts zu gehen. „Nun reicht es aber!“ rief Bettina ungeduldig und hieb ihm die Fersen in die Seite. Ihre Absätze knallten dumpf gegen den Pferdeleib.

Massai stieg. Die Welt schien zu kippen...

Es geschah langsam, wie in Zeitlupe, und zugleich rasend schnell. Das Grün der Wiese verschwand. Auf einmal war da nur noch Himmel, eine kleine Ewigkeit lang Himmel. Dann kam eine Wand, eine feuerrote Welle, die sie unter sich begrub. Ein stechender Schmerz fuhr ihr durchs Bein. Dann war alles still.

Bettina lag am Wegrand, Massai einige Meter neben ihr. Er hatte sich rückwärts überschlagen. Es war Bettinas Glück gewesen, daß er sich im Fallen etwas zur Seite gedreht hatte. So war er nur halb auf sie gestürzt und dann den Hang hinuntergerutscht.

Bettina richtete sich benommen auf. Die linke Hälfte ihres Gesichtes brannte, und aus ihrem Hosenbein sikkerte etwas Dunkles. Der Gedanke, daß es Blut war, berührte sie nicht. Ihr Mund war merkwürdig trocken. Jede Bewegung schmerzte. Unfähig, einen klaren Gedanken zu fassen, saß sie reglos da. Es dauerte lange, bis sie aufstehen konnte. Sie hinkte zu Massai hinüber, der auf der Wiese graste. Er war schweißgebadet und hatte ein paar Schrammen, aber er schien sich nicht ernsthaft verletzt zu haben. „Es tut mir so leid“, murmelte sie.

„Ich habe einfach die Beherrschung verloren.“ Bettina begann zu weinen. „Es war nicht richtig, deine Angst zu übergehen und dich zwingen zu wollen. Wie konnte ich das nur tun?“ fragte sie bedrückt.

Massai lehnte seinen Kopf an Bettina, und sie kraulte seine Stirn.

„Verzeih mir bitte", sagte sie leise. „Ich mache eben manchmal Fehler."

Sie nahm die Zügel und führte Massai. Er lahmte nicht und folgte ihr willig. Bettina ging schwerfällig. Ihr Bein schmerzte, und in ihrem Kopf summte es. Es schien unendlich weit bis nach Hause zu sein. Als sie schließlich angekommen war, sattelte sie Massai ab und betupfte seine Schürfwunden mit einer Jodtinktur.

Bettina erschrak, als sie zu Hause in den Spiegel schaute. Ihr Gesicht war schmutzig und verschmiert, die linke Wange aufgeschürft und blutig. Unter ihrem Auge bildete sich ein großer, blauer Fleck.

„Um Gottes willen, Bettina, wie siehst du aus!" rief Frau Vömel beim Anblick ihrer Tochter.

Bettina versuchte zu lächeln. „Mama, reg dich bitte nicht auf, es ist nicht so schlimm, wie es auf den ersten Blick scheint!"

„Wie ist das denn passiert?" wollte der Vater wissen und sah Bettina kritisch an.

„Ich bin vom Pferd gefallen, Papa", antwortete sie ehrlich.

„Ich wußte von Anfang an, daß er zu gefährlich für dich ist!" rief der Vater außer sich. „Wir hätten dir das nie erlauben sollen! Seine vorigen Besitzer hatten guten Grund, Massai zu verkaufen. Er hat sich überschlagen, stimmt's?"

Bettina blickte verlegen zu Boden. So genau hatte sie ihren Eltern den Unfall nicht schildern wollen.

„Es war allein meine Schuld", sagte sie verzweifelt. „Massai kann nichts dafür! Wir sind bergauf geritten, und er wollte nicht an einem Stück Plastik vorbei. Da habe ich die Geduld verloren und versuchte ihn zu zwingen. Auf gerader Fläche hätte er sich bestimmt nicht überschlagen, aber weil es so steil war, verlor er das Gleichgewicht. *Ich* war unvernünftig, Papa! Ich hätte absteigen und ihm die Plastiktüte zeigen sollen."

„Daraus folgt, daß du nicht reif genug bist, ein so gefährliches Pferd zu besitzen. Du bringst dich mit diesem Tier in Lebensgefahr. Du hättest tot sein können, wenn er direkt auf dich gefallen wäre! Ich habe Angst um dich. Du mußt doch einsehen, daß es zu deinem Besten ist, Massai zu verkaufen. Du bist zu jung für ihn!"

„Papa, das kannst du nicht tun! Er hat in den letzten Monaten solche Fortschritte gemacht! Die Probezeit ist noch nicht abgelaufen – du hast mir versprochen, daß ich ihn während dieser sechs Monate behalten darf!"

„Bettina, ich meine es nur gut. Ich mache mir Sorgen um dich, denn dieses Pferd ist unberechenbar. Ich möchte nicht, daß du ständig in Gefahr bist. Siehst du das denn nicht ein?"

„In Gefahr bin ich auch jeden Tag auf der Straße. Massai ist mein bester Freund, kannst du denn nicht verstehen, wie lieb ich ihn habe?" Bettina war den Tränen nahe.

„Laß uns einen Augenblick allein, damit wir die Sache unter uns besprechen können", schlug die Mutter schnell vor. Sie versuchte auszugleichen.

„Ihr könntet mir nächsten Sonntag beim Reiten zuschauen, damit ihr seht, welche Fortschritte Massai gemacht hat!“ rief Bettina, bevor sie das Zimmer verließ.

„Ich glaube, wir sollten Bettina noch eine Chance geben, Harry“, wandte sich Frau Vömel an ihren Mann. „Wir haben kaum Zeit, alle ihre kleinen Erfolge auch nur wahrzunehmen. Ich meine, es ist eine zu harte Maßnahme, wegen dieses Unfalles alles aufzugeben.“

Der Vater ging unruhig auf und ab. „Ich habe Angst um sie. Das gleiche könnte jeden Tag wieder geschehen. Sie könnte doch zu einer anderen Sportart überwechseln, die nicht so gefährlich ist. Muß es denn Reiten sein?“

„Harry, darum geht es nicht! Ich beginne allmählich zu verstehen, wieviel ihr dieses Pferd bedeutet. Ihr Herz hängt wirklich an Massai! Reiten ist weit mehr als nur eine Sportart für sie. Sie ist viel erwachsener und offener durch die Beschäftigung mit Massai geworden. Ich habe den Eindruck, daß sie alles, was sie mit ihm übt, auch selbst lernt... und daß sie sich so gegenseitig helfen. Ist dir nicht aufgefallen, wie sie sich verändert hat, seitdem sie sich mit Massai beschäftigt?“

„Doch“, gab Herr Vömel zu. „Aber es ist trotzdem zu gefährlich. Das Risiko erscheint mir einfach zu groß.“

„Ich habe Bettina noch nie so lebhaft gesehen“, fuhr Frau Vömel fort. „Erinnerst du dich daran, wie lethargisch sie nach Großvaters Tod war? Sie schien an nichts mehr Freude zu haben. Nun lacht sie wieder, findet Freunde und hat neues Selbstvertrauen gewonnen. Ich bin überzeugt, daß gerade Massai mit all seinen Schwierigkeiten Bettina fordert und sie reifer werden läßt.“

„Vielleicht hast du recht“, sagte der Vater nachdenklich. „Ich habe zwar noch Zweifel, aber es ist wohl besser, das

Ende der Probezeit abzuwarten, bevor wir eine endgültige Entscheidung treffen."

„Mach dir keine Vorwürfe", sagte Hannes. „So etwas passiert jedem einmal. Ich habe auch schon oft die Geduld mit Jessica verloren. Natürlich ist das schlecht!"

„Aber stell dir vor, welche Konsequenzen daraus hätten entstehen können! Papa war nahe daran, Massai zu verkaufen", sagte Bettina bedrückt.

„Du kannst solche Situationen vermeiden, indem du absteigst und Massai führst, wenn er beim nächstenmal vor etwas Angst hat. Dein Großvater sagte mir einmal, daß es nicht schlimm ist, Fehler zu machen, solange man etwas daraus lernt."

Bettina lächelte. Es tat ihr gut, mit Hannes zu reden.

„Kannst du mit deinem verletzten Bein reiten?" fragte Hannes.

„Ich weiß es nicht. Nachher will ich zu Massai gehen und es zumindest einmal versuchen. Hast du Lust mitzukommen?"

Hannes nickte, und bald darauf war Massai gesattelt. Bettina biß die Zähne zusammen, als sie aufstieg. Die Schürfwunden an ihrem Bein schmerzten stärker, als sie erwartet hatte. Auf ihrer Stirn bildeten sich kleine Schweißperlen.

Hannes beobachtete sie besorgt. „Bettina, willst du nicht lieber ein paar Tage warten? Es ist doch nicht so wichtig, ob du Massai diese oder nächste Woche vorreitest!"

„Doch", sagte Bettina entschlossen. „Ich möchte, daß

meine Eltern sobald wie möglich einen guten Eindruck von Massai bekommen!"

Hannes bewunderte Bettinas Willensstärke. Er wußte, daß die Liebe zu Massai ihr die Kraft gab, trotz ihrer Schmerzen zu reiten. Massai zitterte und tänzelte nervös. Bettina beruhigte ihn durch leises Zureden. Sie nahm die Zügel auf und war bald so sehr auf ihr Pferd konzentriert, daß sie alles andere vergaß: den Vater, ihr verletztes Bein und auch Hannes, der ihr zuschaute.

Massai wurde ruhiger, seine Spannung löste sich nach einiger Zeit. Er schnaubte und kaute zufrieden am Gebiß. Nach einer halben Stunde hielt Bettina in der Mitte der Bahn an. Sie blickte zu Hannes hinüber.

Er lächelte. „Es ist schön, euch beiden zuzuschauen. Ich habe selten eine so einfühlsame Reiterin gesehen. Du wirst deine Eltern bestimmt davon überzeugen können, daß die Beziehung zwischen dir und Massai gut und liebevoll ist und ihr gegenseitig voneinander lernt."

Bettina war aufgeregt. Sie zwang sich, ein paar Bissen zu essen.

„Papa!"

Herr Vömel blickte von der Zeitung auf.

„Hast du Zeit, mit mir zur Koppel zu kommen und zuzusehen, wie ich Massai reite?"

„Gerne, ich will nur noch den Artikel zu Ende lesen", erwiderte der Vater.

„Ich gehe voraus und hole Massai", sagte Bettina.

„Wir müssen heute einen guten Eindruck machen!" begrüßte sie Massai. „Mama und Papa soll klarwerden, daß wir uns wirklich gut verstehen, hörst du?"

Massai stieß sie sanft mit dem Maul in die Seite. Sie gab ihm ein Stück Brot und kraulte seinen Hals. Sie sattelte ihn, führte ihn in die Mitte des Platzes und saß auf. Ihr Bein schmerzte noch immer.

An den ersten Schritten spürte Bettina, daß Massai in guter Form war. Sie atmete erleichtert auf. Er streckte sich gehorsam, als sie seinen Hals bis zum Genick entlangfuhr. Sein Rücken begann zu schwingen, und seine Tritte verlängerten sich. Bettina sah ihre Eltern aus der Haustür treten. Auch Massai bemerkte sie und spitzte die Ohren. Bettina lenkte ihn an den Zaun.

„Massai sieht sehr gepflegt aus", lobte die Mutter. „Ich habe ihm etwas mitgebracht!" Sie zog einen Apfel aus der Tasche.

Massai schnaubte, reckte den Kopf vor und scharrte mit dem Vorderhuf. „Vor Fremden hat er manchmal noch Angst", meinte Bettina entschuldigend. Da trat Massai vor und nahm behutsam den Apfel.

„Ich habe nur eine halbe Stunde Zeit", bemerkte Herr Vömel. „Wir bekommen nachher Besuch!"

Frau Vömel warf ihrem Mann einen vorwurfsvollen Blick zu. „Nicht einmal am Sonntag nimmst du dir Zeit für sie!" sagte sie ernst, als Bettina angeritten war.

Bettinas Herz schlug bis zum Hals. Sie sprach Massai und zugleich auch sich selbst beruhigend zu. Sie ritt einige Runden am langen Zügel um die ganze Bahn, dann nahm sie vorsichtig Kontakt zu dem feinfühligen Pferdemaul auf. Sie begann Kreise und Figuren zu reiten.

Massai ging aufmerksam vorwärts. Er kaute am Gebiß,

und seine Tritte waren schwungvoll. Auf einmal waren die Eltern nicht mehr so wichtig. Die Spannung fiel von Bettina ab. Sie war sicher, daß alles gutgehen würde. Sie trabte an, verlangsamte das Tempo an den kurzen Seiten und ließ Massai auf den Geraden tüchtig ausgreifen.

Sie fühlte sich so verbunden mit dem Hengst, daß die Andeutung einer Hilfe genügte, um sich mit ihm zu verständigen. Es kam ihr vor, als sei sie eins mit Massai. Sie wußte, daß gutes Reiten im Grunde von der Beziehung und dem Verständnis zwischen Reiter und Pferd abhing und nicht nur vom technisch perfekten Beherrschen einzelner Übungen. Ihr Gesicht spiegelte ihre Freude und Zufriedenheit wider.

Der Vater begann seine Tochter mit neuen Augen zu sehen. „Sie ist ja ganz verändert, wenn sie auf dem Pferd sitzt!" flüsterte er seiner Frau zu. „Ich habe Bettina noch nie so glücklich gesehen."

„Ich glaube auch, daß sie viel über sich selbst gelernt hat, seit sie sich mit Massai beschäftigt", erwiderte Frau Vömel.

„Wie kommt es nur, daß ich bisher gar nicht bemerkt habe, wie erwachsen sie geworden ist?" sagte Herr Vömel leise.

„Vielleicht verbringen wir einfach nicht genug Zeit mit ihr. Es ist heute das erstemal, daß wir ihr beim Reiten zusehen", meinte seine Frau.

Massai schnaubte und bog sich gehorsam, als Bettina ihn auf den Zirkel lenkte und dann die Hand wechselte.

„Was für ein schönes Bild!" sagte Herr Vömel.

Bettina hatte ihre Haare zu einem Zopf geflochten, der

im Takt von Massais Schritten auf und nieder wippte. Sein Fell glänzte wie Kupfer in der Sonne. Bettina folgte seinen Bewegungen geschmeidig und hielt die Zügel ruhig in den Händen, ohne sie viel zu gebrauchen. Man sah ihr an, wie sehr sie jeden Augenblick genoß. Schließlich hielt sie in der Mitte des Platzes an. Sie stieg ab, schlug die Bügel hoch und führte Massai zu ihren Eltern an den Zaun.

„Bettina, du bist wunderbar geritten! Großvater hätte seine Freude an dir, wenn er dich sehen könnte", sagte die Mutter stolz. Zärtlich sah sie ihre Tochter an.

Auch der Vater sah Bettina an. Sie war außer Atem, ihre Augen leuchteten, sie strahlte. „Ich bin überrascht!" sagte er. „Bisher konnte ich nie verstehen, warum du Massai so gern hast. Nun wird mir langsam klar, wie gut er für dich ist. Ich habe dich seit langem nicht mehr so fröhlich gesehen. Es war voreilig von mir, Massai verkaufen zu wollen."

Bettina lachte. „Ich bin so froh darüber, Papa. Weißt du, es ist schwer auszudrücken, wie lieb ich Massai habe... Ich verspreche dir auch, in Zukunft vorsichtig zu sein."

Herr Vömel betrachtete Massai genau. „Ich bin wirklich beeindruckt", sagte er. „Ich habe mein Leben lang nie etwas mit Pferden zu tun gehabt. Durch deine Unfälle habe ich ein sehr einseitiges Bild von deiner Arbeit mit Massai bekommen. Ich habe nur gesehen, wie gefährlich es für dich ist, aber nicht, wie glücklich es dich macht. Hättest du etwas dagegen, wenn ich bis zum Ende der Probezeit öfter käme, um dir zuzuschauen?"

Bettina spürte plötzlich die Anteilnahme ihres Vaters, die sie so lange vermißt hatte. „O Papa, ich würde mich so darüber freuen!“ rief sie. „Das habe ich mir schon lange gewünscht. Ich dachte, daß du dich nicht dafür interessierst, was ich tue!“

„Das tut mir leid, Bettina“, sagte Herr Vömel betroffen. „Aber du hast recht. Ich verstehe, daß du diesen Eindruck bekommen mußtest!“

Frau Vömel seufzte und deutete zum Haus. „Ich glaube, die Gäste sind angekommen. Wir müssen gehen“, sagte sie zögernd.

Bevor er sich auf den Weg machte, sagte der Vater: „Ich will dir... etwas versprechen, Bettina. Den nächsten Sonntag werde ich mir freihalten, damit ich endlich einmal Zeit für dich habe. Den ganzen Tag!“

Bettina blickte ihrem Vater erstaunt nach. Eine so plötzliche Änderung seiner Einstellung hatte sie nicht erwartet. „Du warst heute besonders brav!“ lobte sie Massai und fuhr ihm durch die lange Mähne. Sie gab ihm ein Stück Brot und begann abzusatteln.

„Bettina!“

Sie wandte sich um und sah Hannes den Weg herunterkommen.

„Waren deine Eltern zufrieden?“ fragte er gespannt.

Bettina nickte. „Ich glaube, Papa beginnt zu verstehen, wieviel mir Massai bedeutet. Er sagte, er würde nun öfter kommen, um mir beim Reiten zuzuschauen. So kann ich Massai wenigstens bis zum Ende der Probezeit behalten.“ Bettina ging auf Hannes zu und nahm seine Hand. „Und dann können wir hoffentlich die Pferde zusammenstellen", sagte sie und lächelte.

Hannes strich ihr zärtlich eine Haarsträhne aus dem Gesicht. „Ich freue mich schon sehr darauf", sagte er. „Ist es nicht schön, daß du von deinem Vater soviel Anerkennung bekommst?"

„Doch!" erwiderte Bettina. „Ich kann nur noch nicht ganz glauben, daß er tatsächlich seine Meinung zu ändern beginnt."

„Warum denn nicht? Er hat dich ja noch nie zuvor reiten sehen, und man braucht kein Pferdefachmann zu sein, um zu sehen, daß du eine gute Beziehung zu Massai hast", meinte er. „Komm, ich lade dich zu einem Eis ein!"

Bettina nahm Bimbo, der ihr um die Beine strich, auf den Arm. „Gerne", sagte sie, „sobald ich Massai gefüttert habe."

Bald saßen sie in einem kleinen gemütlichen Café. Die Sonne schien zum Fenster herein, und Bettina fühlte sich wohl.

„Es ist schön, auch einmal ohne die Pferde zusammenzusein", sagte sie, und Hannes stimmte ihr zu.

„Aber es war gut, dich durch Massai kennenzulernen", fuhr er fort. „Die Art, wie du mit Massai umgehst, verrät viel über dich."

Bettina rührte in ihrem Eisbecher. „Das stimmt. Aber ich mochte dich vom ersten Augenblick an, ich wußte nur nicht, wie ich dir das zeigen sollte", sagte sie einfach.

„Das ist auch gar nicht so leicht!" Hannes lachte. „Besonders, wenn man neu in eine fremde Umgebung kommt und noch keine Freunde hat!"

„Aber es fällt mir von Tag zu Tag leichter", sagte Bettina, als sie Arm in Arm mit Hannes nach Hause ging. „Wollen wir uns morgen zu einem Ausritt treffen?"

„Ja", antwortete Hannes. „Wenn Jessica vorausgeht, hat Massai bestimmt keine Angst mehr."

Ein neuer Anfang

Bettina war unruhig, als sie Massai sattelte. Seit ihrem Unfall war sie nicht mehr ausgeritten. Sie fragte sich, wie Massai sich verhalten würde. Hannes hatte vorgeschlagen, zuerst in eine andere Richtung zu reiten und auf dem Rückweg über denselben Hügel zu kommen, an dem Massai sich überschlagen hatte.

Hannes kam die Straße hinuntergeritten. Als er ihren besorgten Gesichtsausdruck sah, lächelte er. „Bist du aufgeregt?"

„Ja", gab Bettina zu. „Ich merke erst jetzt, was für ein Schock der Unfall für mich gewesen ist!"

„Mach dir keine Sorgen", beruhigte Hannes sie. „Wenn Massai Angst bekommt, steigst du ab und führst ihn, dann kann nichts passieren. Er bäumt sich ja nur auf, wenn man versucht, ihn zu etwas zu zwingen, vor dem er sich fürchtet."

„Es tut mir gut, jemanden zu haben, der mir Mut macht", sagte Bettina und führte Massai aus dem Tor.

„Ich finde, du bist auch allein sehr mutig", stellte Hannes fest. „Die meisten Mädchen, die ich kenne, hätten um ein so schwieriges Pferd wie Massai einen großen Bogen gemacht. Du hast sogar, nachdem dein Großvater starb, ganz ohne Hilfe mit ihm gearbeitet."

„Das konnte ich nur tun, weil ich Massai so gern habe", erklärte Bettina. „Großvater hat mir immer wieder gesagt, daß ich für Massai verantwortlich bin. Was wäre denn aus ihm geworden, wenn ich ihn verkauft hätte? Er wäre sicher eines Tages beim Metzger gelandet!" Bettina sah Hannes in die Augen. „Du hättest doch auch alles getan, um das zu verhindern, nicht wahr?"

„Klar", sagte Hannes. „Aber ich weiß nicht, ob ich dabei genauso viel Ausdauer und Geduld gehabt hätte."

Massai ging ruhig neben Jessica her. Durch das Gespräch mit Hannes hatte sich Bettina nicht in erster Linie auf ihn konzentriert. So war der Hengst abgelenkt. Die Selbstverständlichkeit, mit der Bettina ritt, gab Massai Sicherheit. Erst als sie sich dem Hügel näherten, wurde er unruhig.

„Ich reite voraus, und du bleibst dicht hinter mir", sagte Hannes.

Massai tänzelte, aber es schien ihn zu beruhigen, daß Jessica voranging. „Die Plastiktüte ist gar nicht mehr da!" rief Hannes Bettina zu.

Sie war erleichtert und trieb Massai an, aber er blieb plötzlich stehen. Jessica war schon beinahe auf der Kuppe angelangt. Hannes drehte sich um und sah, daß Massai nicht weitergehen wollte.

„Er erinnert sich an den Unfall", sagte Bettina. Sie trieb ihn nicht weiter, sondern stieg ab. „Du brauchst keine Angst zu haben, Massai, es gibt nichts, was dich erschrecken könnte!“ Sie nahm die Zügel vom Hals und machte ein paar Schritte.

Aber Massai wollte nicht weitergehen. Er zitterte und zog rückwärts. Bettina folgte ihm und klopfte seinen Hals. Sie gab ihm ein Stück Brot, und das Kauen beruhigte den Hengst ein wenig.

„Hannes, komm zurück! Vielleicht folgt er Jessica, wenn sie vorausgeht“, rief Bettina.

Tatsächlich ging Massai zögernd einige Meter hinter Jessica her. Dann blieb er stehen und schnaubte mißtrauisch. Bettina sprach liebevoll mit ihm und legte einen Apfel auf den Boden, so daß er den Kopf tief halten mußte, um zu fressen.

Hannes lachte. „Du bist wirklich erfinderisch, Bettina! Aber es funktioniert, denn nun sieht er, daß wirklich nichts Gefährliches auf dem Boden liegt.“

Schritt für Schritt gingen sie den Hügel hinauf. Es schien lange zu dauern, bis sie schließlich oben angelangt waren. Bettina atmete erleichtert auf. Sie ruhte sich einen Moment aus, dann wendete sie Massai und sagte: „Laß es uns gleich noch einmal versuchen, damit er auch wirklich keine Angst mehr hat.“

Obwohl er noch immer unsicher wirkte, folgte Massai Jessica, ohne stehenzubleiben. Bettina wollte es ein drittesmal versuchen.

„Diesmal könnte ich mit Jessica hierbleiben, vielleicht schafft es Massai allein“, schlug Hannes vor.

Bettina nickte. Massai wieherte laut, als er merkte, daß Jessica nicht mitgekommen war. Ohne daß Bettina ihn auffordern mußte, begann er den Hügel hinaufzugehen.

Er überschritt den Punkt, an dem er bisher gezögert hatte. Bettina war froh, als sie wieder neben Jessica standen. Sie lehnte sich an Hannes. „Nächstesmal werde ich versuchen, im Sattel zu bleiben, aber für heute ist es genug – meinst du nicht auch?“ sagte sie.

„Aber klar, es muß nicht alles auf einmal geschehen. Wenn man bedenkt, daß Massai sich hier erst vorige Woche überschlagen hat, dann ist das, was er heute erreicht hat, ein großer Fortschritt!“

„Ja“, sagte Bettina erleichtert. „Ich habe nun auch keine Angst mehr. Wenn ich Massai beruhige, denke ich meistens gar nicht mehr daran, daß ich mich selbst fürchte. Früher hätte ich mir vieles, was ich jetzt tue, gar nicht zugetraut!“

„Ich kann das gut verstehen“, sagte Hannes. „Ich habe auch viel gelernt, als ich Jessica eingeritten habe. Es wundert mich, daß nur so wenige Menschen wahrnehmen, wieviel man von einem Pferd lernen kann... wenn man nicht versucht, ein Sportgerät aus dem Tier zu machen, sondern es als einen Freund respektiert!“

Bettina seufzte. „Ich wünsche mir so sehr, daß Papa das verstehen würde“, sagte sie. „Die Probezeit dauert nicht mehr lange, und dann liegt es hauptsächlich an ihm, wie die Entscheidung ausfällt.“

„Nein, Bettina“, widersprach Hannes. „Es liegt genauso an dir und daran, was du ihm zeigst und von Massai erzählst. Vielleicht hast du dich bisher zu schnell entmutigen lassen, wenn er nicht sofort Zeit hatte, dir zuzuhören und auf dich einzugehen.“

Bettina sah Hannes nachdenklich an. „Du könntest

recht haben. Ich hatte es tatsächlich aufgegeben, ihm von mir zu erzählen, weil ich dachte, daß er sich sowieso nicht für mich interessiert. Das ist mir ganz schön an die Nieren gegangen!"

„Es ist sicher nicht einfach, auf jemanden zuzugehen, wenn man immer wieder abgewiesen wird, aber wie soll dein Vater seine Meinung ändern, wenn du ihm nichts Positives erzählst und er nur deine aufgeschürften Arme und blauen Flecken zu sehen bekommt?"

Bettina drehte die Zügel in den Händen. „So genau habe ich darüber noch nie nachgedacht", gab sie zu. Sie schaute über die Wiesen und Felder, die sich unter ihr ausbreiteten. Die Nachmittagssonne tauchte alles in ein warmes Licht, und es roch nach Frühling.

Hannes saß gedankenversunken auf seinem Pferd.

„Woran denkst du?" wollte Bettina wissen.

„Ich denke, wieviel sich in den letzten Monaten verändert hat", erwiderte er. „Vor ein paar Monaten kannten wir uns nicht. Du sahst meistens abweisend und traurig aus, und Massai ließ sich kaum anfassen."

„Das scheint so lange her zu sein", sagte Bettina leise. „Ich bin froh, daß alles gutgegangen ist!"

Sie machten sich auf den Heimweg. Vor dem Tor trieb Hannes Jessica dicht an Massai heran und küßte Bettina.

Massai schnaubte und machte einen kleinen Sprung zur Seite.

„Wenn du so weitermachst, wird noch ein Kosak aus dir", rief Bettina lachend und küßte Hannes auch. Er winkte und galoppierte neben der Straße ins Dorf.

Bettina wartete auf das Ende der Sportschau. Sobald ihr Vater den Fernsehapparat abgestellt hatte, setzte sie sich zu ihm.

„Heute bin ich mit Hannes zu der gleichen Stelle geritten, an der sich Massai neulich überschlagen hat", sagte sie.

Der Vater runzelte die Stirn. „Es ist dir doch hoffentlich nicht wieder etwas zugestoßen?" fragte er besorgt.

„Nein." Bettina schüttelte den Kopf. „Ich bin abgestiegen und habe Massai geführt. Als Jessica vorausging, ist er schließlich hinaufgegangen, und wir haben so lange geübt, bis er wirklich keine Angst mehr hatte."

Herr Vömel sah Bettina an. Sie sprach mit Begeisterung, ihre Augen strahlten.

„Ich bin froh, daß du nun vorsichtiger bist", sagte er. „Ich denke noch immer daran, wie schön es aussieht, wenn du reitest. Am Sonntag möchte ich ein paar Fotos von dir machen."

„Du willst mich fotografieren?" fragte Bettina erstaunt.

„Ja, ich möchte mir ein Bild von dir und Massai auf den Schreibtisch stellen", sagte ihr Vater. „Bis vor ein paar Tagen konnte ich mir ja gar nicht richtig vorstellen, wie du auf dem Pferd aussiehst. Es wäre schön, ein Foto von dir zu haben."

Bettina errötete vor Freude. Sie spürte, daß sich das Verhältnis zu ihrem Vater langsam veränderte.

Am darauffolgenden Tag kam Herr Vömel früher als sonst aus dem Büro. Bettina war nicht im Haus; so ging er zur Koppel hinunter. Seit er Bettina reiten gesehen hatte, beschäftigte ihn die Frage um Massais Verkauf mehr denn je.

Er sah seine Tochter mit Massai auf dem Sandplatz und blieb in einiger Entfernung stehen. Sie hielt Massai an der Führkette und versuchte mit ihm über eine Plastikplane zu gehen, die sie auf den Boden gebreitet hatte. Massai tänzelte unruhig und warf den Kopf in die Luft. Seine rote Mähne flammte in der letzten Nachmittagssonne; er schnaubte aufgeregt.

Bettina sprach ruhig auf den Hengst ein. Sie trug Jeans, einen roten Pullover und Reitstiefel. Herr Vömel stellte fest, daß sie nicht mehr so dünn und zerbrechlich aussah wie früher, als sie noch in der Stadt gewohnt hatten. Die Blässe war aus ihrem Gesicht geschwunden, ihre Stimme klang hell und kräftig.

Sie war so sehr auf Massai konzentriert, daß sie gar nicht bemerkte, daß ihr Vater an den Zaun kam und ihr aus der Nähe zuschaute.

„Komm, Massai, hab keine Angst, du mußt dich an solche Dinge gewöhnen", sagte sie leise. Sie setzte selbst einen Fuß auf die Plastikplane und bewegte sie hin und her. Das Geräusch erschreckte Massai, und er machte einen großen Satz rückwärts. Bettina versuchte nicht, ihn zu halten, und ließ das Seil durch die Hände gleiten.

Wieder führte sie ihn an die Plane heran. Diesmal trat der Hengst zögernd mit einem Huf auf die Plane. Bettina lobte ihn und ging einen Schritt voraus. Massai folgte ihr, aber er erschrak, als seine Hinterbeine die Plane streiften, und sprang schnaubend zur Seite.

Massai zitterte, und Bettina führte ihn um die Bahn,

bis er sich beruhigt hatte. Herr Vömel bewunderte ihre Geduld. Etwas Weiches stieß gegen seine Beine. Es war Bimbo, der leise miaute und zu ihm aufsah. Herr Vömel beugte sich hinunter und streichelte den Kater.

Als er wieder auf die Bahn blickte, hatte Bettina Massai in die Nähe der Plane dirigiert. Als er einen Fuß darauf gesetzt hatte, lobte sie ihn und ließ ihn rückwärts gehen, anstatt zu versuchen, ihn ganz über die Plane zu führen. Sie wiederholte die Übung, bis Massai ruhig mit beiden Beinen auf die Plane trat. Es wurde langsam dämmerig.

„Das reicht für heute", sagte sie zufrieden und nahm dem Hengst das Halfter ab.

Herr Vömel ging zum Haus hinauf, ohne Bettina zu sagen, daß er ihr zugesehen hatte.

„Ich habe schon nach dir gesucht", begrüßte ihn seine Frau. „Hast du einen Abendspaziergang gemacht?" fragte sie.

Ihr Mann schüttelte den Kopf. „Nein, ich habe Bettina bei der Arbeit zugeschaut", erwiderte er nachdenklich. „Vielleicht hattest du neulich recht, als du sagtest, daß sie viel durch den Umgang mit Massai gelernt hat. Sie übte mit ihm, über eine Plastikplane zu gehen. Ich habe noch nie zuvor bemerkt, wie liebevoll und geduldig sie sein kann. Sie läßt sich nicht aus der Ruhe bringen und war so in ihre Arbeit vertieft, daß sie mich gar nicht bemerkt hat. Aber Massai ist tatsächlich ein schwieriges Pferd, er scheut so leicht", fuhr er besorgt fort. „Er war sehr unruhig! Ich hatte schon daran gedacht, ihr vorzuschlagen, Massai herzugeben und ein ruhigeres Pferd zu kaufen", fuhr er unschlüssig fort.

„Nein, Harry“, entgegnete seine Frau kopfschüttelnd. „Es geht nicht darum, daß sie irgendein Pferd hat – sie hat Massai wirklich lieb, und ich bin sicher, daß ihn kein anderes Pferd je ersetzen könnte.“

„Du hast wohl recht“, stimmte Herr Vömel zögernd zu.

„Ich glaube, daß sie mit einem anderen Pferd nie gelernt hätte, was sie durch Massai gelernt hat“, meinte seine Frau. „Im Grunde war sie genauso scheu und mißtrauisch wie Massai. Er spiegelte ihre eigenen Schwierigkeiten wider. Dadurch, daß sie Massai eine neue Einstellung beigebracht hat, hat sie sich auch selbst verändert. Sie hat durch die Arbeit mit Massai gelernt, mit ihren eigenen Problemen umzugehen. Sie hätte bestimmt nicht die Möglichkeit gehabt, soviel über sich selbst zu lernen, wenn Massai ein Pferd ohne Schwierigkeiten gewesen wäre. Ich habe das auch erst viel zu spät verstanden!“

„Ich frage mich nur, ob das wirklich die Gefahren, die der Umgang mit Massai mit sich bringt, aufwiegt“, sagte Herr Vömel.

„Ich denke schon“, meinte seine Frau. „Ohne Massai wäre Bettina sicher nicht so aufgeschlossen und fröhlich. Ich glaube, daß wir es größtenteils Massai zu verdanken haben, daß sie sich in den letzten Monaten so zu ihrem Vorteil entwickelt hat.“

Herr Vömel ging in der Küche auf und ab. „Ehrlich gesagt, beginne ich Massai zu mögen“, sagte er. „Und ich freue mich auf den Sonntag, denn ich habe mir schon so lange keine Zeit mehr für Bettina genommen.“

Bettina war erstaunt, ihre Eltern im Gespräch in der Küche zu finden, als sie nach Hause kam. „Du siehst nicht fern?" fragte sie ihren Vater verwundert.

Er schüttelte den Kopf. „Ich habe es heute völlig vergessen", sagte er. „Ich bin nach der Arbeit zur Koppel gegangen und habe dir bei deinen Übungen mit Massai zugesehen."

„Ist das wahr?" fragte Bettina verwirrt. „Ich habe dich gar nicht gesehen."

„Ich weiß!" Der Vater lächelte. „Ich wollte dich nicht stören. Es hat mir gefallen, wie du mit Massai umgehst und wieviel Geduld du mit ihm hast!"

„Danke", sagte Bettina. Sie war froh über das Lob und das neue Verständnis ihres Vaters.

Außerdem ist Frühling

„Wo ist denn Bettina?" fragte Herr Vömel ein paar Tage später, als er nach Hause kam. „Hoffentlich ist ihr nichts zugestoßen, es ist ja schon beinahe dunkel", fügte er besorgt hinzu.

„Ich glaube, sie ist noch bei Massai", sagte seine Frau. „Mach dir keine Sorgen! Aber wenn es dich beruhigt, kannst du ja nachschauen gehen."

Herr Vömel nickte und zog seine Jacke an. Als er am Zaun angelangt war, sah er, daß der Sandplatz leer war. Auch auf der Wiese konnte er weder Bettina noch Massai entdecken.

„Bettina!" rief er laut.

„Papa?" klang ihre Stimme aus dem Stall.

„Wo bist du denn?" fragte Herr Vömel.

„Hier, bei Massai", antwortete Bettina aus dem Dunkel.

Der Vater öffnete das Tor und ging auf den Stall zu. Bettina kam ihm entgegen. Sie trug Bimbo auf dem Arm.

„Was machst du denn noch so spät?" wollte ihr Vater wissen. „Man sieht ja schon fast nichts mehr!"

„Ich sitze bei Massai und höre ihm zu", antwortete Bettina.

„Du hörst ihm zu?" wiederholte Herr Vömel verständnislos.

„Beim Fressen, Papa!" lachte Bettina, als sie seinen skeptischen Gesichtsausdruck sah. „Setz dich doch einen Augenblick zu uns", sagte sie und deutete mit einer Handbewegung in die Box.

„Ich weiß nicht recht", murmelte der Vater. Aber dann folgte er seiner Tochter, die vorausgegangen war. Sie schob ihm einen umgestülpten Futtereimer hin und setzte sich neben ihn. Massai schnaubte, aber er gewöhnte sich schnell an den fremden Besucher.

Bimbo schnurrte leise auf Bettinas Schoß. Es duftete nach Heu und frischem Stroh. Man hörte Massai geruhsam kauen. Draußen konnte man nur noch schwach die Umrisse des Zaunes erkennen.

„Ich sitze abends gern hier", erklärte Bettina. „Massais Kauen klingt beruhigend, und alles ist so still und friedlich, wenn es dunkel wird."

Herr Vömel lehnte sich gegen die Stallwand und schloß die Augen. Er spürte nun auch, wie wohltuend die Atmosphäre des Stalles war. „Ich verstehe langsam, warum du gern hier sitzt", sagte er nach einer Weile. „Aber wir sollten gehen, denn Mama wartet sicher schon mit dem Abendessen auf uns!"

Bettina setzte Bimbo ins Stroh und füllte seine Trinkschale mit frischem Wasser. Dann ging sie mit ihrem Vater nach Hause.

„Am Sonntag ist die Probezeit vorbei", erzählte Bettina, als sie sich in der Pause mit Hannes traf. „Ich kann es kaum erwarten. Nur manchmal bekomme ich Angst, daß Papa Massai vielleicht doch verkaufen will."

„Das glaube ich nicht", meinte Hannes. „Nach allem, was du mir erzählt hast, scheint er doch allmählich dich und deine Liebe zu Massai besser zu verstehen. Meinst du nicht auch, daß er sich sonst nicht zu dir in den Stall setzen würde?"

Bettina nickte. „Ich sollte wohl nicht immer gleich mit dem Schlimmsten rechnen", meinte sie.

Bettina war aufgeregt, als sie sich am Sonntag morgen an den Frühstückstisch setzte. Ihr Vater sah sie an und lächelte.

„Du siehst nervös aus", meinte er.

„Kannst du das nicht verstehen?" fragte Bettina. „Heute ist die Probezeit vorüber!"

Der Vater legte seine Gabel beiseite. „Ich weiß, Bettina. Gestern nacht bin ich zu einem Entschluß gekommen."

Sie blickte ihren Vater überrascht an. „Ich dachte, du wolltest mich erst noch einmal reiten sehen", sagte sie.

„Das stimmt“, erklärte Herr Vömel. „Aber ich möchte auf alle Fälle, daß du Massai behältst!“

Bettina hielt den Atem an. „O Papa, ich bin so froh!“ rief sie dann. Sie sprang auf und umarmte ihn lachend. „Ich hatte furchtbare Angst, daß du ihn vielleicht doch verkaufen wolltest!“ rief sie.

„Nein“, antwortete ihr Vater. „Mir ist in den letzten Tagen klargeworden, wieviel du von Massai gelernt hast. Ich weiß, daß er kein einfaches Pferd ist, aber ich sehe, daß dir die Beschäftigung mit ihm guttut. Du bist durch ihn viel sicherer und erwachsener geworden.“

„Ich bin auch froh über diese Entscheidung“, sagte Bettinas Mutter. „Ich glaube, wir haben alle drei aus dieser Probezeit gelernt und verstehen einander besser!“

Bettina nickte. Der Vater konnte ihr ansehen, wie erleichtert sie war. Die Spannung der letzten Wochen legte sich. Sie war wie befreit.

„Papa, kommst du trotzdem nachher mit zu Massai?“ fragte sie.

„Aber natürlich, Bettina“, erwiderte der Vater. „Wir wollten doch Fotos machen!“

Bettina striegelte Massai besonders sorgfältig. „Wir haben es geschafft, Massai!“ flüsterte sie ihm zu. „Du kannst endgültig hierbleiben.“ Sie schlang die Arme um seinen Hals und lehnte den Kopf an sein warmes Fell.

Ihre Eltern kamen an den Zaun. Bettina sattelte Massai mit ruhigen Bewegungen und stieg auf. Sie war plötzlich viel gelassener, weil sie nicht mehr unter dem Druck stand, beweisen zu müssen, daß Massai nicht gefährlich war.

Herr Vömel betrachtete seine Tochter stolz. Sie schien während des Reitens eins mit ihrem Pferd zu sein. Er war froh, daß er guten Gewissens eine Entscheidung getroffen hatte, die Bettina glücklich machte.

Später, als sie wieder bei ihren Eltern am Zaun stand, fragte Bettina: „Papa, erinnerst du dich, daß ich dich einmal gefragt habe, ob Hannes sein Pferd zu Massai stellen kann?"

„Ja", sagte Herr Vömel. „Damals sagte ich dir, wir müßten erst das Ende der Probezeit abwarten. Was hältst denn du von dieser Idee?" wandte er sich an seine Frau.

„Ich habe nichts dagegen", antwortete sie, „es ist praktisch, und beide Pferde hätten Gesellschaft. Ich sehe keinen Grund, warum wir nicht damit einverstanden sein sollten."

„Heißt das, daß Hannes Jessica zu uns bringen darf?" fragte Bettina.

Der Vater nickte. „Von mir aus gerne", erklärte er und war gerührt zu sehen, wie sehr sich Bettina darüber freute.

„Massai hat nicht nur dir geholfen – durch ihn hat auch unsere Familie wieder mehr zusammengefunden. In Zukunft möchte ich mehr Zeit mit dir verbringen", sagte er mit einem Lächeln.

„Hannes!" rief Bettina, als sie zu Jessicas Stall lief. Er stellte den Futtereimer zu Boden. Bettina kam auf ihn zugerannt und umarmte ihn stürmisch.

„Es ist nicht schwer zu erraten, wie sich dein Vater entschieden hat", meinte er.

„Du kennst mich schon zu gut!“ lachte Bettina. „Ich kann nichts mehr vor dir geheimhalten.“

„Wann kann Jessica kommen?“ fragte er einfach.

„Wann sie will!“ antwortete Bettina.

„Morgen nach der Schule können wir Jessicas Einzug feiern“, schlug Hannes vor.

Am nächsten Tag wartete Bettina mit Massai auf Hannes und Jessica. Plötzlich wieherte Massai, Jessica antwortete hell. Dann sah Bettina die beiden um die Ecke biegen, beladen mit zwei Wassereimern, mit Putzzeug und einem großen Hafersack.

Bettinas Herz klopfte, als sie Hannes sah. Von nun an würden sie jeden Tag die Pferde gemeinsam versorgen und viel Zeit miteinander verbringen können.

Bettina öffnete das Gatter, und Hannes führte Jessica auf die Weide. Massai kam herbeigelaufen. Schnell nahm Hannes Jessica ihr Zaumzeug ab. Die Pferde beschnupperten sich, und Massai zwickte Jessica spielerisch in den Hals. Schon galoppierten sie Seite an Seite über die Wiese.

„Sie sehen schön zusammen aus“, sagte Bettina. „Ich bin froh, daß Massai nun nicht mehr allein ist! Schöner hätte es gar nicht kommen können!“

Hannes sah ihr in die Augen. „Du bist nun auch nicht mehr allein“, sagte er und strich ihr über die Haare.

„Ich weiß“, stellte Bettina lachend fest.

Hannes trug sein Sattelzeug in den Stall. Bettina stand neben ihm, während er alles sorgfältig einräumte. „Es kommt mir fast so vor, als würden wir zusammenziehen", sagte sie. „Verstehst du, wie ich das meine?"

Hannes nickte. „Wer weiß, vielleicht ziehen wir eines Tages wirklich einmal zusammen!"

„Und haben vier Kinder und zwanzig Pferde!" rief Bettina lachend. „Und wenn sie nicht gestorben sind..."

Hannes stieß sie in die Seite. „Sei doch nicht so albern!"

Sie lachten beide.

Bettina wachte früh auf und sah aus dem Fenster. Die Sonne war gerade aufgegangen. Sie stand leise auf und zog sich an, denn sie war mit Hannes zu einem langen Ausritt verabredet. Sie wollten früh aufbrechen und über Mittag Rast machen.

Die Eltern schliefen noch. Bettina schlich auf Zehenspitzen in die Küche und holte das Picknickpaket, das sie gestern abend vorbereitet hatte, aus dem Kühlschrank.

Die Morgenluft war kühl und erfrischend, als Bettina aus der Tür trat.

„Guten Morgen", begrüßte sie Hannes, als sie sich auf der Koppel trafen. Er hatte schon den Stall ausgemistet. Bald hatten sie die Pferde gesattelt und ritten einen Feldweg entlang. Tautropfen funkelten auf den Gräsern, und die Vögel sangen.

„Sieh mal!" flüsterte Bettina und hielt Massai an. Vor ihnen auf der Wiese grasten drei Rehe. Als sie die Reiter bemerkten, blickten sie neugierig auf, und ihre großen Ohren spielten aufmerksam. Als Massai schnaubte, sprangen sie in großen Sätzen auf den Wald zu.

Nach einer Weile kamen sie zu einem geraden Weg, der leicht anstieg. „Hast du Lust, ein Stück zu galoppieren?“ fragte Hannes.

„Ja!“ rief Bettina und gab Massai die Hilfen. Er schoß mit einem mächtigen Satz vorwärts. Bettina lehnte sich dicht an seinen Hals. Massai streckte sich, und seine Sprünge wurden weiter und weiter.

„Langsam, Massai!“ rief Bettina und nahm die Zügel kürzer. Aber er schüttelte ungehalten den Kopf und wurde noch schneller. Der Wegrand war nur noch ein bunter Streifen, der vorbeiflog, der Wind trieb Bettina die Tränen in die Augen. Massais Hufe donnerten über die Erde.

Hannes hielt Jessica zurück, denn er wollte nicht, daß sich die Pferde gegenseitig zu einem Wettrennen anspornten. Massai war weit voraus. Bettina wußte, daß der Weg bald steil abfallen würde, und daß ihr Tempo zu schnell war. Sie gab Paraden und setzte sich energisch in den Sattel. Langsam begann Massai seine Geschwindigkeit zu verringern. Er fiel in einen schnellen Trab, und schließlich konnte sie ihn zum Schritt zügeln.

„Meine Güte, Bettina, ich wußte gar nicht, daß Massai so schnell ist“, sagte Hannes fassungslos, als er sie eingeholt hatte.

„Ich auch nicht“, keuchte Bettina. „Ich hatte Mühe, ihn zu halten. Er wäre mir beinahe durchgegangen!“ Ihre Haare waren vom Wind zerzaust, die Wangen vom schnellen Ritt gerötet, ihre Augen sprühten vor Lebensfreude.

Gegen Mittag kamen sie zu einer Wiese, die zum

Ausruhen einlud. Sie sattelten die Pferde ab und banden sie im Schatten einer großen Buche an. Bettina packte die Satteltaschen aus, und Hannes setzte sich zu ihr ins Gras.

Bettina wurde sehr still.

„Bist du traurig?“ fragte er. „Du siehst so bedrückt aus.“

„Ich wünschte, Großvater könnte das alles noch miterleben“, sagte Bettina leise. „Manchmal fehlt er mir so!“

„Sieh mal, wir werden es bestimmt nicht immer leicht miteinander haben, aber alles hat so gut angefangen“, sagte Hannes eindringlich. „Großvater würde nicht wollen, daß du seinetwegen traurig bist!“

Bettina schaute zu den grasenden Pferden hinüber, und dann sah sie Hannes an. Er legte den Arm um sie.

Ein Lächeln flog über ihr Gesicht.

„Außerdem ist Frühling“, sagte Hannes und wischte ihr liebevoll eine Träne von der Nasenspitze.

CIP-Kurztitelaufnahme der Deutschen Bibliothek

Pabel, Andrea:
Außerdem ist Frühling: Eine Pferdegeschichte /
Andrea Pabel. – München; Wien; Zürich:
F. Schneider, 1985.

ISBN 3-505-09062-X

8000 München 46 · Frankfurter Ring 150 · Wien – Zürich
Titelbild und Illustration: Ulrike Heyne
Lektorat/Redaktion: Helga Wegener-Olbricht
ISBN: 3 505 09062-X
Bestell-Nr.: 9062

IRENE MAKIN

Die Rettung der Ponys

Diana bleibt regungslos stehen; ihr Herz klopft. Das alte Gutshaus liegt verlassen da, dicht bewachsen von Efeu und Kletterpflanzen. Etwas Unheimliches liegt über dem Park und den Ställen . . . Und dann sieht Diana es ganz deutlich – ein schwarzer Schatten erscheint auf dem Weg hinter dem Hoftor!

Das Besondere dieses Buches:
Ein Pony zu reiten und es liebzuhaben, genügt nicht. Diese Geschichte zeigt, daß jedes Kind schon früh lernen kann, Verantwortung zu übernehmen und Hilfe zu leisten, wo es nötig ist.

Schneider-Buch